Stimulation vague

Augmentez le pouvoir de guérison du nerf vague et libérez l'énergie dormante de votre corps en guérissant l'anxiété, la dépression et les traumatismes [Vagus Nerve Stimulation, French Edition]

Filippe Blair

Avertissement légal

Les informations contenues dans ce livre et son contenu n'a pas été conçu pour remplacer ou prendre la place de toute forme de conseils médicaux ou professionnels; et ne vise pas à remplacer la nécessité d'une médicale, financière, juridique ou autre indépendant des conseils professionnels ou de services, qui peuvent être nécessaires. Le contenu et les informations dans ce livre ont été fournis à des fins éducatives et de divertissement seulement.

Le contenu et les informations contenues dans ce livre a été compilé à partir de sources jugées fiables, et sont exacts au meilleur de la connaissance de l'auteur, l'information et la croyance. Cependant, l'auteur ne peut pas garantir l'exactitude et la validité et ne peut être tenu responsable des erreurs et / ou omissions. En outre, des modifications sont apportées périodiquement à ce livre comme et en cas de besoin. Le cas échéant et / ou nécessaire, vous devez consulter un professionnel (y compris mais sans s'y limiter à votre médecin, avocat, conseiller financier ou tout autre conseiller professionnel) avant d'utiliser l'un des remèdes proposés, des techniques ou des informations dans ce livre.

Lors de l'utilisation du contenu et des informations contenues dans ce livre, vous engagez à protéger l'auteur de tous dommages, coûts et dépenses, y compris les frais juridiques pouvant résulter de l'application de l'une des informations fournies par ce livre. Cette constatation vaut pour toute perte, dommage ou préjudice causé par l'utilisation et l'application, que ce soit directement ou indirectement, de tout conseil ou information présentée, que ce soit pour rupture de contrat, d'un délit, d'une négligence, des blessures corporelles, l'intention criminelle ou de toute autre cause d'action.

Vous acceptez d'accepter tous les risques de l'utilisation des informations présentées dans ce livre.

Vous acceptez que, en continuant à lire ce livre, le cas échéant et / ou nécessaire, vous devrez consulter un professionnel (y compris mais sans s'y limiter à votre médecin, avocat ou conseiller financier ou tout autre conseiller au besoin) avant d'utiliser l'un des remèdes proposés, techniques ou informations contenues dans ce livre.

Tabla de contenido

Introducción

Le nerf vague est appelé comme un vagabond, qui envoie des fibres sensorielles aux organes viscéraux de la tige du cerveau. Le nerf vague, le plus long des nerfs crâniens, configure votre centre névralgique du système parasympathique.

Et il contrôle un large éventail de fonctions critiques, qui transmettent les impulsions et les moteurs sensoriels à chaque organe dans votre corps.

Des études récentes ont montré que la connexion à la prise en charge de l'inflammation chronique et le début d'un nouveau domaine passionnant de la thérapie pour les maladies graves, incurables peuvent aussi manquer.

Permettez-moi de partager neuf faits au sujet de ce faisceau nerveux puissant.

Une étude Virginia Faculté des rats a montré que la stimulation de leurs nerfs pneumogastriques ont renforcé leurs souvenirs.

L'activité a présenté le neurotransmetteur norépinéphrine à l'amygdale que les souvenirs consolidés.

essais de recherche similaires chez l'homme ont été réalisées, ce qui indique des approches possibles aux problèmes de la maladie d'Alzheimer.

Le acétylcholine vagale dirige vos poumons à respirer.

Il a une grande raison pour laquelle le Botox est souvent utilisé cosmétiquement car il interrompt votre production d'acétylcholine. Néanmoins, votre nerf pneumogastrique peut certainement être stimulé avec la respiration abdominale ou avec votre souffle retenu pour 4 à 8 chefs d'accusation.

Pneumogastrique est un moteur viscéral pour tous les organes endothoracique (pharynx, du larynx, de l'œsophage, le cœur, les poumons) et pour de nombreux organes (sous-diaphragmatiques surreni, les reins, l'estomac, première moitié du gros intestin).

Le nerf vague, le premier patron du système sensoriel parasympathique, est le dixième nerf crânien à partir de la moelle allongée dans le système sensoriel focal. A l'intérieur du bulbe rachidien, les groupes de cellules de neurones préganglionnaires vagales se trouvent dans le noyau incertain (NA) et le moteur dorsal du nerf vague (DMV). Ces noyaux fournissent des fibres du nerf vague, qui se dresse hors de la tête au moyen des foramen jugulaire.

Au niveau du foramen jugulaire, le ganglion jugulaire inégalée du vagus donne branches cutanées au auriculus et à l'extérieur méat acoustique. Seulement distalement, il y a une ganglionnaires ultérieure, fait allusion comme pas de dose ganglionnaires, la collecte innervation tactile des organes instinctives. Les assortiments cellulaires des neurones suiveur (par exemple tactiles) sont situés dans le dernier ganglion et engagement de l'âme du tube singulier (NTS). Ce noyau transferts contribution à la moelle de manière à gérer les fonctions cardio-vasculaires, respiratoires et gastro-intestinales (GI). La vague du col plonge à l'intérieur de la fermeture de la gaine de la carotide par la voie d'alimentation de la carotide et la veine jugulaire interne. branches vagales cardiovasculaires quittent le col de l'utérus et de se joindre à pneumogastrique le plexus cardiaque.

Le nerf laryngé intermittent gauche et à droite, émergeant au niveau de la courbe de l'aorte et de la voie d'alimentation sous-clavière individuellement, ajouter en outre à l'innervation cardiovasculaire. Autre que le coeur, les deux vagi innervent les poumons par le nerf vague du plexus pneumonique, séparément. Malgré cela, il faut se rappeler que chaque tronc obtient des fibres des deux nerfs pneumogastriques cervicaux. est variable, jusqu'à deux dans le précédent et trois dans le dernier mentionné la quantité de retour et avant tout troncs en passant par l'ouverture du diaphragme. Le tronc avant dissémine branches gastriques à la partie antérieure de l'estomac et donne d'une branche hépatique. Autre que innervant le foie, la tige hépatique donne des branches du pylore et la pièce proximale du duodénum et du pancréas. Là encore, le tronc arrière diffuse une branche gastrique à la partie arrière proximale de l'estomac et l'autre pour le plexus cœliaque, qui innerve le tractus GI et de la rate provenant de la mesure de la flexion du côlon gauche. L'organe interne reçoit l'innervation parasympathique supplémentaire par l'intermédiaire du nerf splanchnique pelvien (S2-S4), qui se termine dans le plexus pelvien et se développe comme le nerf du côlon et du rectum.

Les innerve nerveuses du suiveur de la tractus gastro-intestinal au moyen de bornes vagales aussi bien dans les lamina propria et dans l'externa musculeuse. Dans tous les cas, les fibres nerveuses de la edherent coopérer seulement avec les neurones du système sensoriel entérique (ENS). L'ENS comprend sur un maillage dense de fibres nerveuses, disposé dans la sous-muqueuse (par exemple plexus sous-muqueux) et le compartiment solide à l'extérieur de l'appareil digestif (par exemple plexus myentérique). Par des méthodes pour médite électrophysiologiques et antérograde traceur, il a été montré que les fibres parasympathiques préganglionnaires (par exemple à la fois innervation vagale et sacrum) l'interface légitimement avec différents neurones myentériques postganglionnaires par le développement de varicosités, bien que quelques fibres vagales parlent avec les neurones sous-muqueux.

Le préganglionnaire innervation des voies GI montre une série de moulin Rostro-caudale angle avec l'épaisseur de innervés neurones myentériques dans l'estomac et du duodénum le plus remarquable poursuivi par une diminution de dynamique dans le petit système digestif et du côlon. La façon dont les neurones myentériques gastriques sont initiées par l'information vagal a également été montré par immunohistochimie avec la reconnaissance de c-Fos et phosphorylé composant réactionnel c-AMP limitant la protéine (p-CREB), qui sont des marqueurs d'action neuronale. Comme actionnement des neurones à l'intérieur d'un ganglionnaires est démarré après une période d'inactivité similaire, Schemann et al. propose que la contribution à l'ENS vagal est simple réflexe. Quoi qu'il en soit, n'a pas été confirmée par différentes enquêtes. En ce moment, trois terminaux suiveurs vagal sans équivoque ont été décrits.

Partie 1Le Sciences

Chapitre 1

Qu'est-ce que du nerf vague

En tant que cible de traitement des troubles gastro-intestinaux et psychiatriques tels que les maladies inflammatoires de l'intestin (MII), l'anxiété et le syndrome de stress post-traumatique (SSPT), l'axe du cerveau bien est de plus en plus importante. L'intestin est un centre de contrôle du système immunitaire essentiel et de la propriété modulateur immunitaire du nerf pneumogastrique.

En conséquence, ce nerf joue un rôle important dans l'intestin, le cœur et la relation inflammatoire. Pour commencer, la stimulation du nerf vague (VNS), ou des techniques de méditation, il existe de nouvelles approches de traitement pour moduler l'axe du cerveau bien. Pour les problèmes d'humeur et de l'anxiété, mais aussi dans d'autres conditions associées à une inflammation accrue, ces thérapies sont efficaces. hypnothérapie Gut dirigée est particulièrement efficace à la fois dans le syndrome du côlon irritable et de l'EIA.

Des preuves considérables sont également disponibles dans la dépression résistante au traitement pour l'application de la thérapie invasive VNS. De petites études et des séries d'études de cas ont montré l'efficacité de VNS intrusive dans le traitement de la migraine et groupe réfractaire, la maladie d'Alzheimer, les troubles anxieux résistants aux médicaments, le trouble bipolaire et l'obésité. Pour améliorer l'efficacité et la sécurité, de nombreux instruments VNS ont été développés au fil des ans. Nous allons discuter des dernières avancées de la technologie VNS invasive pour le traitement de l'épilepsie, plus récemment mis au point des dispositifs VNS invasives pour d'autres usages que les systèmes pour l'épilepsie et l'anxiété, et non invasive de stimulation du nerf pneumogastrique.

Le nerf vague est l'aspect majeur du système nerveux parasympathique, qui contrôle un large éventail de fonctions vitales du corps, y compris la réglementation de l'attitude, la réponse immunitaire, le métabolisme et le rythme cardiaque. Il y a des preuves préliminaires que l'activation du nerf pneumogastrique est une thérapie potentielle prometteuse pour l'anxiété des médicaments réfractaire, le syndrome de stress post-traumatique et la maladie inflammatoire de l'intestin.

Chapitre 2

Où est le nerf vague situé

Voici ce que nous vivons tous les jours: après avoir mangé, nous nous sentons fatigués. C'est comme une légère somnolence qui vous encourage à vous asseoir sur le canapé et se détendre ou faire une petite sieste.

Cette sensation est régulée par le nerf pneumogastrique. Après avoir mangé, notre corps consomment beaucoup d'énergie pour faire la digestion.

Par conséquent, ce nerf déclenche une série de stimuli pour promouvoir le calme et classique « somnolence ».

En plus de contrôler la digestion, les moniteurs du nerf vague que le cœur n'est pas surexcités. Par conséquent, le nerf vague entraîne une perte de conscience. Ce sont des cas extrêmes.

Elle réglemente également le système immunitaire et de la régénération cellulaire. D'autre part, une autre caractéristique de cette structure attrayante est de vous donner un sentiment de plénitude.

Comme il est étroitement lié au processus digestif, il fonctionne aussi comme un régulateur.

Cela nous dit que nous avons déjà assez, et quand nous souffrons du stress, il nous a dit que nous avons plus ou moins d'appétit envies.

Comme vous pouvez le voir, il est un complément naturel dans divers domaines, tels que la relaxation, la plénitude, le poids, et plus ou moins d'anxiété.

Le nerf nerf pneumogastrique aussi appelé pneumogastrique, nerf crânien X, la Wanderer ou maintenant et le Rambler, est le dixième de douze (barrant CN0) nerfs crâniens combinés. Autre que de céder aux différents organes dans le corps du nerf vague passe sur des données tangibles sur l'état des organes du corps au système sensoriel focal. 80-90% des filaments nerveux dans les nerfs pneumogastrique sont afférences (tactiles) conférant l'état des viscères à l'esprit.

Le pneumogastrique mot latin médiéval implique en fait « Méandres » (le transitoire de mots, Drifter, et obscurcir proviennent d'une racine similaire).

innervation

Les deux à droite et à gauche nerfs pneumogastriques chute libre de l'encéphale dans la gaine de la carotide, horizontale dans le couloir de la carotide.

La bonne offre du nerf pneumogastrique Ascend au privilège nerf laryngé répétitif qui collets autour de la veine sous-clavière privilège et monte dans le cou entre la trachée et de la gorge. Le pneumogastrique correct à ce moment-là traverse le privilège en avant couloir et sous-clavière court vers la meilleure veine cave et tombe en arrière que le principe correct et bronchus ajoute à cœur, et pneumonique plexus de l'œsophage. Il façonne le dos tronc vagal à la partie inférieure une partie de la gorge et pénètre dans l'estomac par la rupture de l'oesophage.

La gauche pneumogastrique autres branches radiaires cardiovasculaires thoracique, se sépare en plexus aspiratrice, produit dans le plexus œsophagien et pénètre dans le cran avant que le tronc vagal dans la rupture de l'oesophage de l'estomac.

Les filaments moteur fournit du nerf pneumogastrique parasympathiques à chacun des organes à l'exception des organes surrénales (glandes surrénales), à partir du cou jusqu'à la deuxième fragment du côlon transverse.

Cela implique le nerf pneumogastrique est responsable de ces missions ont oscillé comme le pouls, le péristaltisme gastro-intestinal, transpirant, et de nombreux développements musculaires dans la bouche, y compris le discours (par le nerf laryngé répétitif) et en maintenant l'ouverture du larynx pour la respiration (au moyen d'activité du muscles du dos crico-aryténoïdienne, le principal ravisseur des cordes vocales). Il a en outre des brins afférents qui innervent le bit interne (canal) de l'oreille externe, par l'intermédiaire de la branche auriculaire (autrement appelée nerf de Alderman) et une partie des méninges. Ce pourquoi clarifie une personne peut pirater quand chatouillé sur leur oreille, (par exemple, lors d'une tentative d'expulser la cire d'oreille avec un coton-tige).

Chapitre 3

Fonctions du nerf vague

Le nerf vague relie le tronc cérébral sur l'ensemble du corps. Il permet au cerveau de surveiller et de recevoir des informations sur un certain nombre de différentes fonctions de l'organisme.

Vous trouverez deux capacités du système nerveux central distincts offerts par le nerf pneumogastrique et ses parties liées.

Le nerf est responsable de quelques informations sensori-motrices et l'activité d'action dans le corps entier.

Fondamentalement, il est un élément d'un circuit qui relie le cou, les poumons, le cœur et l'abdomen sur le cerveau humain.

Le nerf pneumogastrique a une variété de fonctions. Les quatre caractéristiques essentielles du nerf pneumogastrique sont:

Sensorielle: De la gorge, les poumons, le coeur et le ventre.

sensorielle exclusive: Fournit sensation gustative derrière la langue.

Moteur: Fournit une action fonctionne pour tous les muscles du responsable du cou pour avaler et de la parole.

Parasympathique: Responsable de l'intestin, la fréquence cardiaque fonctionnement, et la respiration.

Ses fonctions de son pourrait être décomposées encore plus en sept catégories.

L'un de ceux qui contrôle le système nerveux central.

Le système nerveux central peut être divisée en deux zones: parasympathique et sympathique.

Les augmentations latérales sympathiques vigilance, la fréquence cardiaque, la pression artérielle, de l'énergie, et le rythme respiratoire.

Le côté parasympathique que le nerf vague est fortement impliqué dans la vigilance diminue, la pression artérielle et la fréquence du pouls, et aidera également avec le calme, le repos, et se décomposent de la nourriture.

Comme résultat, le nerf pneumogastrique aide également à l'excitation sexuelle, la miction et la défécation.

D'autres conséquences nerveuses pneumogastrique comprennent la communication entre l'intestin et le cerveau: Le nerf pneumogastrique fournit des informations de l'intestin sur le cerveau humain.

Loisirs avec la respiration grave: Le nerf pneumogastrique envoie un message au diaphragme. En plus de respirations profondes, un particulier juge beaucoup plus détendu.

inflammation abaissement: Le nerf pneumogastrique envoie également un signal à d'autres zones du corps sous la forme d'un signal anti-inflammatoire.

La diminution de la pression artérielle et la fréquence cardiaque:

Cela a été considéré comme un véritable état de l'art précisément comment la stimulation du nerf vague peut non seulement faire face à l'arthrite rhumatoïde, mais toutes les autres maladies inflammatoires, comme la maladie de Crohn, la maladie de Parkinson et d'Alzheimer.

Pour comprendre le lien entre le nerf pneumogastrique et la dépression, nous devons réaliser que le système nerveux central est constitué de deux mécanismes opposés qui envoient en permanence des informations sur le cerveau humain.

Le système nerveux sympathique nous prépare à l'action et les flux d'hormones de stress, principalement comme le cortisol et l'adrénaline.

Le système nerveux parasympathique intervient dans la relaxation.

Ces approches servent de ralentisseurs et des accélérateurs dans la pratique.

Les Renforce du système nerveux sympathique et nous en tant que système active nerveux parasympathique nous aide à détendre et à réduire la vitesse, et les neurotransmetteurs tels que l'acétylcholine diminuent la fréquence cardiaque et la tension artérielle et assurez-vous que le corps fonctionne plus efficacement.

Les caractéristiques du nerf pneumogastrique régulent le système parasympathique.

Cela interfère avec différentes fonctions de la bouche à l'impulsion et peut conduire à des symptômes différents lorsqu'ils sont touchés.

Beaucoup des nerfs pneumogastriques dans nos corps sont: ils aident à contrôler le rythme, surveiller les mouvements de la masse musculaire, et de maintenir le rythme respiratoire.

Elle maintient les performances du tractus intestinal et permet la nourriture à traiter par la contraction des muscles intestinaux et de l'estomac.

Il facilite pour se détendre après une situation tendue, ou cela signifie que nous sommes en danger et ne doivent pas baisser la garde.

Donner des informations sensorielles sur le statut d'organe au cerveau.

Si des conditions stressantes sont remplies, le système nerveux sympathique est déclenchée.

Dans le cas où la pression continue, et la réaction physiologique qui provoque ne peut pas être désactivé, il ne prendra pas le temps de problèmes de visage.

Pour la quantité d'esprit, deux voies sont nécessaires: l'axe hypothalamo-hypophysaire-surrénalien et l'axe de l'intestin du cerveau.

Le cerveau réagit à la pression et l'anxiété par augmentation de la production de l'hormone (CRF) qui se déplace hors de l'hypothalamus dans la glande hypophyse dans lequel ils induisent la libération d'autres hormones (ACTH), qui se déplace à travers le sang de la glande surrénale pour faciliter l'activation de cortisol et d'adrénaline, et qui est un suppresseur de l'immunité et un précurseur inflammatoire de l'organisme;

Voilà pourquoi nous sommes malades facilement quand nous nous sentons poussés et anxieux et finalement déprime, un trouble lié à un effet mental inflammatoire.

Et l'anxiété chronique et le stress ne suffisent pas à produire un niveau de glutamate élevé dans le cerveau humain, un neurotransmetteur qui provoque l'anxiété, la dépression, la migraine et quand en plus.

En fait, beaucoup de cortisol inhibe l'hippocampe, une partie du cerveau humain qui est responsable du développement de nouveaux souvenirs.

l'atteinte du nerf pneumogastrique peut conduire à des problèmes tels que des étourdissements, des problèmes gastro-intestinaux, troubles du rythme, des difficultés respiratoires et des réactions émotionnelles unproportionate.

Le nerf pneumogastrique ne peut pas activer le signal de loisirs, et donc le système nerveux sympathique est actif, ce qui provoque la personne à répondre impulsivement et souffrent d'anxiété.

De plus, les recherches menées à la Faculté de Miami a constaté que passe la tonique vague globale de la mère à l'enfant.

Les femmes souffrant d'anxiété, la dépression et la frustration extrême avait une activité vagale a diminué au cours de leur grossesse et leurs bébés avaient une faible activité vagal et des quantités plus faibles de la sérotonine et de la dopamine.

À quelle fréquence vous la dépression de l'expérience dans votre vie quotidienne?

Cette section est idéale pour vous si vous êtes inquiet au sujet de trop ou sont pris dans des sentiments irrationnels ou être des nausées, des douleurs thoraciques et des palpitations cardiaques.

Grâce à la stimulation de votre nerf pneumogastrique, vous envisagez d'apprendre une technique simple mais extrêmement efficace pour faire face à l'anxiété naturellement.

Cette approche unique et puissant peut être utilisé à tout moment et en tout lieu pour soulager l'anxiété et le stress, à domicile et sur le chemin, et même à toutes ces terribles réunions d'affaires.

Avez-vous compris que la FDA a approuvé un dispositif actionné pour traiter la dépression efficacement en relançant périodiquement le nerf vague?

Pourtant, vous ne besoin d'une chirurgie, de préférence.

Grâce à la réalisation d'une variété de simples techniques de respiration, vous pouvez profiter de la stimulation du nerf vague.

Le nerf vague est l'élément central du système nerveux parasympathique (qui vous apaise en contrôlant votre soulagement).

Il vient de votre cerveau et « Wanders » dans l'abdomen par la longueur des cerveaux, des fibres de diffusion sur la bouche, pharynx, cordes vocales, les poumons, le cœur, les intestins et les glandes qui font des enzymes anti-stress et les hormones (telles que l'acétylcholine, ocytocine), la vasopressine, la prolactine, le métabolisme, et bien sûr la réponse à la détente.

nerf pneumogastrique agit comme un lien corps-esprit et le câble qui entraîne les sensations et instincts intestinaux de votre cerveau.

Le secret de contrôle de l'esprit et les niveaux d'anxiété réside dans leur capacité à stimuler les relaxants voies nerveuses du système parasympathique.

Vous ne pouvez pas gérer ce composant spécifique du système nerveux central sur demande, mais vous pouvez indirectement promouvoir votre nerf pneumogastrique en plongeant votre visage dans les eaux froides (miroir de plongée).

Ceci est souvent réalisé en fermant les yeux ou pincer le nez en essayant de respirer. Il augmente considérablement le stress dans la cavité tumorale pour revitaliser la nervosité et d'améliorer la pneumogastrique voix pneumogastrique.

Et, de toute évidence, les approches respiration diaphragmic Renforcer le vivant du système nerveux central va payer de bons dividendes, et la meilleure façon d'y parvenir en enseignant le souffle.

Respire avec votre diaphragme

Maintenant, il est temps de mettre en œuvre cette théorie. La première chose que vous devez faire est de respirer avec le diaphragme (respiration abdominale).

Ceci est la base de la respiration appropriée et le soulagement du stress.

Le diaphragme est le muscle principal du corps.

Il est en forme évasé, et quand vous mangez, il est des motifs et agit comme un piston et produit le vide dans votre cavité thoracique, de sorte que vos poumons peuvent augmenter, et l'air devient en elle.

Cela provoque une pression, d'autre part, en appuyant vers le bas et les viscères, soulevant le ventre.

Voilà pourquoi une bonne respiration est appelée la respiration abdominale.

Respire avec la glotte partiellement fermée glotte est à l'arrière de la langue et est fermée pendant que vous prenez une grande respiration.

Nous voulons qu'il soit fermé en partie ici. Il est la sensation que vous obtenez dans la gorge lorsque vous expirez et faire un bruit Hhhh pour purifier les lentilles, mais sans réellement le son.

Il ressemble également à votre tactique lorsque vous êtes sur le bord de la détente, et vous vous attendez à ronfler un peu.

Vous contrôlez la glotte: Contrôle du flux d'air pendant l'inhalation et l'exhalation.

Stimule le nerf du nerf vague

Maintenant, il est temps d'appliquer ce concept avec cette technique de respiration seven-eleven diaphragme.

Inspirez par le nez, la glotte fermée partiellement vers le bas, par exemple, presque créer de l'audio Hhhh pour le souffle de sept attente pendant un certain temps.

Expirez par le nez (ou la bouche), avec la glotte fermée partiellement vers le bas, comme presque la création audio HHHH pour un certain nombre de onze.

Plus vous pratiquez, cette méthode particulière devient plus efficace.

En fin de compte, si vos compétences de respiration nouvellement acquises sont créés et la respiration abdominale devient un modèle, le corps continue de fonctionner à un niveau de stress considérablement plus faible.

Vous verrez aussi (ou parfois vous ne serez pas) que votre souffle répond à des situations traumatisantes.

Votre corps peut réguler votre respiration automatiquement et, par conséquent, votre anxiété et le stress.

L'une des façons de faire face à la peur est de savoir comment stimuler le nerf pneumogastrique par la respiration appropriée.

Le nerf pneumogastrique agit comme l'interface entre l'esprit et le corps pour réguler la réaction à la détente.

Vous pouvez stimuler le nerf pneumogastrique avec la glotte partiellement fermée.

Utilisez vos vieux jours pour maîtriser cette technique, la transformer en une routine fréquemment, et les résultats que vous choquent.

Quand vous dites stress, vous êtes sur la bonne voie.

Plus précisément, ils sont chacun en raison d'un manque d'activité pneumogastrique. Mais non, pas ce genre de Vegas.

Ce type particulier de pneumogastrique est important pour votre santé et le bien-être.

Dans ce chapitre spécifique, vous découvrirez pourquoi votre nerf pneumogastrique est très important et comment il peut calmer vos nerfs, le sommeil, briser, et à promouvoir les pouvoirs de guérison naturelle de votre corps.

Votre nerf pneumogastrique lie votre cerveau à votre intestin et vos organes internes au cœur.

Son effet est si répandu qu'il est connu comme « le capitaine » pour votre système nerveux parasympathique: la stimulation normale, la régénération et la récupération de l'unité de réaction de votre corps.

La sortie adéquate de votre nerf pneumogastrique maintient stable inflammation chronique, fendage pratiquement toutes les principales maladies.

Il contrôle le rythme cardiaque et maximise la variabilité du rythme cardiaque, ce qui est un indicateur important de la santé cardiaque.

Et il montre que les poumons respirent profondément, afin d'absorber l'oxygène qui remplit l'énergie vitale.

Par ailleurs, les transferts nerveux vagal informations de l'intestin dans le cerveau qui offre l'intuition intestinale sur ce qui est nuisible ou bénéfique pour vous.

Ensuite, il vous permet de consolider les souvenirs, si vous vous souvenez des informations importantes et de bonnes intentions.

Finalement, vos communiqués de nerf pneumogastrique acétylcholine, ce qui aide à combattre l'adrénaline du stress et le cortisol et active votre réponse apaisante naturelle du corps au calme, repos et guérir.

Maintenant, vous avez une image de savoir pourquoi il est si important d'activer votre nerf vague.

Le problème est que notre culture d'aujourd'hui nous permet d'obtenir très occupé, très hyper souligné, de sorte que nous travaillons en mode de pression presque toujours, sans le savoir.

Nous sommes habitués à la stimulation. Nous ne savons pas comment se sent vraie détente, beaucoup moins comment.

Nous sommes hyperactif au lieu de suivre un rythme de repos et d'action tout naturel.

Et nous sommes tellement entraînés que nous nous sentons responsables si nous ne faisons pas quelque chose, ou si nous ne sommes pas excités encore divertis!

En conséquence, l'irritabilité, l'anxiété et l'insomnie sont des compagnons pour la vie.

Il nous empêche de bien dormir et nous conduit à des maladies chroniques telles que le cancer.

Alors, comment pouvons-nous briser ce modèle mortel?

Heureusement, le corps est très résistant. Il est juste pour vous attendre de déclencher votre équilibre organique, qui est similaire à plusieurs respirations longues et profondes.

Lorsque vous inspirez profondément et peu à peu, vous activez votre nerf pneumogastrique.

Il envoit des signaux apaisants pour abaisser votre encéphalogramme et la fréquence cardiaque et active tous les mécanismes de repos et de réparation de la réponse de relaxation naturelle de votre corps.

Une respiration lente profonde est donc extrêmement important. Néanmoins, il y a une question. Vivre en mode de tension continue facilite une retenue, rapide, le style de respiration peu profonde. Une respiration lente profonde aussi prend généralement un peu d'exercice.

Ceci est une excellente façon de le faire: simple respiration profonde méditation: allongé sur le dos et fermez les yeux attentivement.

Reposez vos mains sur votre bas-ventre, l'un et l'autre.

Lorsque vous inspirez, la cause de votre bas-ventre monter comme il respire lentement.

Permettez à votre bas-ventre pour se détendre comme vous expirez, comme il se vide.

Installez-vous dans un joli rythme clair que l'abdomen monte et descend doucement, après votre souffle.

Savoir si vous ne pouvez pas insister sur ce point, mais seulement comprendre comment il se fait naturellement, rapidement.

Lorsque vous démarrez, assurez-vous que vous vous souvenez de la seconde vous commencez à respirer et de s'y tenir jusqu'à ce que vous faites une pause.

Tout d'abord, notez la seconde vous commencez à expirez et maintenez-le jusqu'à ce que vous quittez.

Suivez ce rythme apaisant pendant quelques minutes, puis rappelez-vous combien vous êtes heureux. Assurez-vous de tirer cela à ce stade, quand vous le pouvez, vous avez pour vous-même.

Chaque jour, vous pouvez faire ce simple relaxation respiratoire profonde pour soulager la pression des couches et le stress qui a eu lieu du passé. Dans la nuit avant le repos, vous pouvez le faire dans son lit, pour préparer votre corps à dormir.

Rapidement en tout, vous restaurez l'équilibre interne de votre corps, ce qui entraîne dans une vie beaucoup plus sûr, plus heureux et paisible.

Chapitre 4

Comment le nerf vague gère tout.

Le nerf pneumogastrique gère tant de parties du corps qu'il peut être dévastateur quand quelque chose va mal. S'il y a quelque chose qui endommage le système nerveux, comme des médicaments, un traumatisme ou d'une maladie, le corps peut se guérir? Ou êtes-vous coincé avec des lésions nerveuses pour le reste de votre vie? Il est vraiment tout dépend de la gravité du dommage est. Les lésions nerveuses est connu pour être lent à guérir et le nerf pneumogastrique ne fait pas exception. Cependant, les scientifiques ont testé la capacité du nerf pneumogastrique à se régénérer chez les rats et les résultats ont été surprenant. Non seulement les techniques du nerf vague a contribué à la restauration des parties centrales vagal, mais ils ont également été montré pour augmenter la plasticité synaptique. Cela signifie que même lorsque le cerveau a subi des dommages des dommages causés au nerf pneumogastrique, il peut être inversé, dans une certaine mesure.

Dans les tests effectués sur des rats, il a fallu environ 4,5 mois pour régénérer le nerf vagal central. Voilà de bonnes nouvelles pour les gens, mais il n'a pas été testé chez l'homme. Cependant, des études ont également montré que la reconstruction des nerfs dans le tractus gastro-intestinal ne se produit pas au cours de 45 semaines, ou près d'un an, ce qui est combien de temps a duré l'étude. Il va certainement prendre du temps pour les nerfs à se régénérer et se régénérer, mais le fait qu'il est en fait possible pourrait être exactement l'espoir dont nous avons besoin.

Alors que les sections centrales du nerf vagal peuvent être régénérées étonnamment rapidement, il faut beaucoup plus de temps à repousser les zones qui se ramifient de lui. Il est important de noter cela parce que vous ne devriez pas attendre des résultats immédiats des exercices et des techniques données dans ce livre. Il faut du temps pour guérir les lésions nerveuses, et cela signifie que vous devez être patient et cohérent si vous avez souffert de lésions nerveuses vagal. La stimulation du nerf pneumogastrique peut l'aider à grandir et à récupérer des dommages. Encore une fois, cela prend du temps, mais si vous êtes prêt à mettre dans le temps et l'effort, vous verrez que les choses aillent mieux progressivement. Comme beaucoup de gens ont découvert avant, ce n'est pas un truc. La stimulation du nerf pneumogastrique fonctionne vraiment et il peut avoir un impact incroyable sur votre vie.

Je suis allé d'être à peine capable de se déplacer autour de ma maison, de courir à nouveau marathons. Je l'ai vu d'autres gens, même des choses plus miraculeuses. Et il ne semble vraiment comme un miracle, mais il est en fait juste la science et votre système nerveux, faire leur travail. Avec la stimulation droite, votre nerf pneumogastrique va commencer à travailler mieux que jamais et devient encore plus efficace. Même si vous ne l'avez pas souffert d'un traumatisme particulier ou des lésions nerveuses, vous pouvez vous attendre encore des résultats de tonifier votre nerf vague. Il ne peut vous aider à vous sentir mieux et de vous assurer que votre corps fonctionne plus efficacement. La quantité d'énergie que vous aurez augmentera et vous trouverez qu'il est plus facile de vivre la vie que vous voulez. Il y a une quantité incroyable d'informations là-bas si vous savez ce qu'il faut chercher, mais il est toujours pas connaissance commune. Je trouve cela ahurissant,

Une partie 2 Quel pourrait aller mal dans Vagus?

Chapitre 5

La respiration dysfonctionnel

Le nerf vague a la fonction principale d'offrir une stimulation aux muscles de la corde vocale. Si votre nerf pneumogastrique a toute sorte de dommage ou d'un dysfonctionnement, il y a une probabilité que ces muscles seront endommagés ainsi. Cela interfère alors à la fois votre capacité respiratoire et votre voix. D'autres muscles sont pris en charge par la fonction du nerf vague ainsi. Vous pouvez vous sentir comme vos électrolytes sont faibles, tels que votre taux de potassium ou de magnésium, qui les crampes musculaires cause, mais ces crampes peuvent également être causées par des dommages à votre nerf vague.

Une mauvaise circulation: Chez certaines personnes, une mauvaise circulation est un signe désagréable d'une voix basse vagal. Lorsque vos mains et les pieds ont tendance à faire froid, mais le reste du corps est bien, elle peut être causée par un manque de circulation. Le sang est tout simplement pas atteint dans la mesure où il se doit. Étant donné que le nerf vague est responsable de votre fréquence cardiaque, il est une grande partie de cette maladie et doit être pris en compte lors traitant de faible circulation.

maladie pulmonaire: Vos poumons sont également contrôlés par le nerf vague et il stimule la respiration régulière. Une mauvaise santé pulmonaire, la MPOC et d'autres types de maladies pulmonaires peuvent affecter le tonus vagal dans le corps.

Lorsque vous êtes effrayés, avez-vous déjà remarqué à quel point votre respiration prend? Ceci est en réponse à votre nerveux sympathique System- votre corps est littéralement poussé en mode gel-lutte-vol en préparation pour se maintenir en vie. Lorsque vous souhaitez vous calmer de ces sentiments de panique, vous pouvez vous mettre inconsciemment à travers des exercices de respiration profonde pour tenter de vous régler. Est-ce que tu sais pourquoi?

La plupart des gens ne réalisent pas, mais ces respirations profondes déclenchent effectivement à votre nerf vague qu'il est temps de se rendre au travail. Le nerf vague est essentiellement en aiguillonné agir d'une manière qui permettra de soulager les symptômes et le ralentissement du rythme cardiaque parce que le nerf pneumogastrique active le système nerveux parasympathique.

Sans le nerf pneumogastrique et cette petite boucle de rétroaction, votre fréquence cardiaque serait probablement s'asseoir naturellement autour de 100 bpm. Il baisserait rarement plus bas, et votre fréquence cardiaque serait libre de monter en flèche sans limitation, ce qui bien sûr, pourrait être dangereux. Le système nerveux parasympathique maintient que de happening- le but du système parasympathique est essentiellement de mettre les freins sur le système nerveux sympathique. Il est le regulator- la partie de vous qui est capable de vous calmer et vous convaincre de se détendre. Il ralentit votre rythme cardiaque et vous aide à atteindre cet état de calme que vous cherchez peut-être après une crise d'angoisse.

Lorsque vous respirez, avez-vous déjà remarqué comment vos changements de fréquence cardiaque? Lorsque vous prenez une profonde inspiration, vous pouvez vous sentir votre Quicken d'impulsion, et que vous expirez, vous remarquez tomber à nouveau. Ceci est un très spécifique raisonna- votre nerf pneumogastrique régule votre rythme cardiaque. Lorsque vous inspirez, vous déclenchez votre pouls à accélérer, et que votre pouls accélère, il fait monter la tension artérielle.

Cette augmentation de la pression artérielle et le pouls déclenche votre système nerveux parasympathique à coup il in- veut réguler votre rythme cardiaque, il déverse dans certains acétylcholine votre flux sanguin, ce qui ralentit le rythme cardiaque. Il est important de garder à l'esprit- cela signifie que vous pouvez effectivement botter le nerf pneumogastrique en action simplement en prenant une grande respiration et cuing au nerf que vous avez besoin d'une certaine réglementation pour maintenir votre rythme cardiaque régulier. Votre nerf vague, comme vous expirez, est le plus actif, ce qui ralentit votre rythme cardiaque le plus. Cela signifie, alors que vous êtes en mesure de vous réglementer efficacement et votre système nerveux parasympathique tout au long de la respiration.

Cela n'a rien New- en fait, le modèle de respiration qui déclenche cet état de calme grâce au système nerveux parasympathique se pose en fait dans plusieurs calmante différentes, les activités spirituelles. Mantras utilisés au cours d'une sorte de méditation peut déclencher ce type d'activation, créant ainsi le bon moment entre les respirations et les maintenir, tout comme disant la prière Ave Maria. Le taux de respiration au cours de ces techniques est tombée à environ six respirations par minute, ce qui est ce que ces techniques de respiration viser.

Chapitre 6

Dysfonctionnel digestive Séquence

Lorsque le nerf pneumogastrique est endommagé ou défectueux, il peut affecter le système digestif; une condition connue sous le nom gastroparésie digestif se produit lorsque les muscles de l'estomac sont incapables de traiter et de faire passer la nourriture avant le petit intestin. Péristaltisme, les contrats et les extensions qui font avancer la nourriture ne fonctionnent pas efficacement.

Les causes de la gastroparésie digestive sont souvent inconnus, mais en plus d'un nerf pneumogastrique endommagé (causée par la chirurgie, par exemple), il peut être causée par un diabète non contrôlé, les narcotiques et les médicaments, la maladie de Parkinson, la sclérose en plaques, et dans des cas très rares, certains troubles du tissu conjonctif.

Les symptômes vont de brûlures d'estomac et RGO (complications de reflux acide), les ballonnements, la perte d'appétit et une sensation de satiété prématurément, et des nausées. aliments non digérés qui reste dans l'estomac peuvent fermenter et être sensibles à une infection bactérienne.

Voici ce qui est essentiel de comprendre: la santé est accompli lorsque le corps est capable de se protéger contre les déséquilibres, l'effondrement, et les envahisseurs étrangers. Le corps humain a développé des systèmes de protection puissants pour maintenir des conditions mentales, physiques et émotionnelles optimales. La recherche montre des liens clairs entre nos systèmes de protection de la santé inhérents et les aliments qui leur permettent.

Mon travail m'a permis de me concentrer sur les systèmes principaux de défense du corps tels que l'angiogenèse, les cellules souches, l'immunité, la microflore et la conservation de l'ADN. L'angiogénèse est le mécanisme de construction de nouveaux vaisseaux sanguins du corps. Il est la puissance de notre corps pour continuer.

Les cellules souches ou la capacité de notre corps à se régénérer sont essentiels au bien-être de tous nos tissus du cerveau et des organes, de notre cœur à notre peau. L'immunité est d'une importance primordiale. Tout est sur la façon dont notre corps peut lutter contre les maladies et les infections. Il est tout d'avoir un système immunitaire solide.

Nos propres bactéries sont microbiote. Dans notre corps, il y a 37 billions de bactéries et nous découvrons qu'ils sont non seulement nuisibles que nous croyions, mais une fois qu'ils aident réellement notre corps à améliorer la sécurité.

La sécurité sanitaire de l'ADN est important. Chaque jour, nous avons 60.000 mutations dans nos gènes. Pourquoi ne pas avoir un cancer plus souvent? D'accord, notre ADN peut se restaurer - et le régime alimentaire peut améliorer ces mécanismes de réparation.

Alors que la société occidentale a accès aux médicaments les plus sophistiqués du monde, il est plus malade que jamais. Nous vivent maintenant dans une culture qui favorise « une pilule pour chaque maladie. » Une personne sur trois d'entre nous devrait être touché par le cancer et la plupart d'entre nous le savons maintenant, malheureusement, qu'au moins une personne a été touchée par une maladie qui change la vie. Quelle tristesse que l'humanité est ravagée par une épidémie de maladie dans cette ère du progrès technique.

On n'a jamais été si dissociées de notre corps et comment les régénérer. Ils traitent des signes de maladie comme la douleur plutôt que de comprendre que ces symptômes sont notre façon de communiquer intelligemment avec nous. De commencer, nous pouvons voir un mal de tête comme une irritation et une pop paracetamol, en ignorant le fait que notre corps nous le faire savoir qu'il est déshydraté et a besoin de plus fluide. Manque ces moyens de signaux ignorer la lumière d'avertissement ou notre tableau de bord du véhicule, quelque chose que la plupart d'entre nous pensent est très imprudent.

Bien que l'industrie de la santé et de la santé est en plein essor récemment, beaucoup d'entre nous ne se rendent pas encore pleinement comment notre mode de vie et les choix alimentaires influent vraiment notre bien-être. Nous mangeons de la nourriture parce que son contenu nutritionnel et / ou son potentiel de guérir est facile ou en bonne santé, et très rarement. Une forte consommation de gluten, le glucose, la caféine et l'alcool est très toxique, en plaçant le corps soumis à un stress immense et qui permet au virus de se développer dans des conditions acides.

L'essence de Mère nous donne tout ce que nous devons survivre sans maladie, et pourtant étonnamment nous avons préféré pseudo-aliments à faible nutrition. Le corps travaille toujours pour rétablir l'équilibre ou l'homéostasie. L'effet est incroyable que nous apprenons à travailler pour et non contre cette guérison intuitive inhérente. Vous devez prévoir une énergie accrue, plus d'appétit, perte de poids, une meilleure humeur et du sommeil en appliquant ces hacks de santé de base à votre vie de tous les jours.

La capacité de guérison naturelle de votre corps est lié à une partie de votre système nerveux connu comme le système nerveux autonome. Il se compose de deux composantes: la coordination du système nerveux sympathique et le système nerveux sympathique. Le contrôle du système sympathique réaction « combat ou fuite » du corps qui régule la réponse de détente et de la digestion dans le système nerveux parasympathique.

Le système nerveux est compatissant à la sécurité quand nous devons éviter tout risque en bref incendies. Maintenant, les gens sont constamment anxieux et le système nerveux sympathique est stimulé à cause de non apparente « risque ». Une fois que notre corps sent qu'il est en danger, nos cœurs battent plus fort, notre sang coule des poumons et dans notre corps nous accrochez au combat, notre pensée analytique, entre autres, cesseront. En d'autres termes, il se développe effectivement des problèmes de l'obésité, le diabète, les maladies cardiaques et l'indigestion.

Pour beaucoup de conditions médicales, il peut être préjudiciable à dépenser encore plus dans les traitements physiques et procédures tout en réduisant les temps de rendez-vous et sabrer le personnel médical. Une étude a révélé que les patients malades atteints du syndrome du côlon irritable avaient beaucoup significativement plus le soulagement des symptômes si le médecin était chaud et plein de compassion que le froid, mais quel que soit le traitement politesse. De même, après des séjours prolongés (42 minutes) avec un médecin, les patients atteints de la maladie de reflux acide est considérablement améliorée par rapport à la nomination normale (18 minutes). Pour les cas de maux de dos à la grossesse, les résultats des patients dépendent non seulement sur les médicaments sont administrés, mais aussi sur la façon dont le traitement est pris.

Mais pas tout cela. L'intelligence n'évalue pas nécessairement notre expérience subjective puisque le cerveau régule les processus corporels du métabolisme au système immunitaire;

il peut être important pour la progression physique de la maladie aussi bien. De telles procédures ne sont pas nécessairement volontaire; nous ne pouvons pas nous « désir » plus. Néanmoins, nous pouvons les influencer, en particulier en modulant notre réponse au stress.

Par exemple, si vous êtes nerveux, le cœur bat plus vite, ce qui rend plus le système cardio-vasculaire. Ceci est normalement aucun souci, mais il peut être dangereux, voire mortel dans certaines circonstances. Les catastrophes naturelles telles que les tremblements de terre tuent souvent autant de personnes que leur effondrement d'une crise cardiaque. Des études ont montré que les personnes qui dépression l'expérience ou la dépression souffrent au préalable plus de risques au cours des traitements médicaux intrusifs tels que des biopsies mammaires ou ablation de tumeurs (par exemple, une carence prolongée d'oxygène, faible ou pression artérielle élevée, des saignements post-opératoires ou la fréquence cardiaque anormalement lent). stratégies de secours telles que la visualisation d'un endroit sûr de réduire considérablement la douleur et l'anxiété au cours de ces traitements et le risque d'effets indésirables.

Le stress peut aussi avoir des effets physiques sur les intestins. Si nous sommes contrariés des articles de toilette, nous pourrions ne pas passer des jours, mais face à une tâche comme une entrevue ou une compétition va nous forcer à vider nos entrailles. De tels mécanismes aggravent les problèmes tels que l'IBS et les études indiquent que l'hypnothérapie intestinale qui aide les cliniciens à gérer le stress et détendre leur système digestif est très efficace. Un cours de l'hypnothérapie diminue la résistance intestinale à la douleur, et alors que les gens sont hypnotisés, ils peuvent changer leurs contractions intestinales, quelque chose que nous ne faisons pas habituellement à volonté.

En troisième lieu, la première ligne de défense du corps contre la maladie ou d'un traumatisme, est la division du système immunitaire appelée inflammation. Ceci est efficace dans une crise, mais si elle est causée par le stress chronique à long terme, elle interfère avec les réponses immunitaires saines et ronge les tissus de la peau, nous laissant plus sensibles à l'inflammation, les allergies et les maladies auto-immunes. Et pas seulement des poussées d'eczéma ou deux rhumes supplémentaires. Le stress lui-même a été montré pour augmenter le développement des maladies mortelles telles que la sclérose en plaques et du VIH par ses effets sur le système immunitaire. Le travail que les stratégies de réduction du stress peuvent inverser ces changements est juste en cours, mais des données préliminaires montrent que le conseil de gestion du stress peut éviter le développement en MS, et que la formation de la pleine conscience peut retarder le VIH.

Il confirme même que l'imagination a un rôle à jouer dans le cancer. L'inflammation élimine les cellules endommagées et facilite la croissance de nouveaux vaisseaux sanguins qui sont bons pour la cicatrisation des plaies, mais qui permet également un espace de tumeurs et de nutriments pour se développer. Les hormones du stress se propagent plus rapidement dans les études animales, alors que les études de patients suggèrent que les interventions de gestion du stress diminuent l'inflammation, bien que le jury examine encore combien ce flux en temps l'amélioration de la survie.

Même si la réduction du stress ne touche pas directement la survie du cancer, cependant, des stratégies comportementales peuvent améliorer le pronostic physiologique d'autres façons. Lorsque la chimiothérapie soulage la fatigue et des vomissements qui permet à quelqu'un de tenir à leur programme de médicaments, il peut améliorer la longévité. Le soutien social, quant à lui, permet aux patients de faire de meilleurs choix. Pour une étude, les patients recevant les soins palliatifs pour cancer en phase terminale ont opté pour un traitement moins agressif. Les gens étaient moins stressés, mieux et vivre les gens vivent plus longtemps.

L'esprit ne peut guérir quoi que ce soit, et un traitement médical est risqué et inutile face à des circonstances graves. Pourtant, notre état mental a une grande portée des effets physiologiques qui peuvent nuire à la santé dans une grande variété de façons et même dans les conditions les plus graves telles que le diabète, la sclérose en plaques et du VIH.

Les cyniques sont corrects à la prudence sur les conclusions non fondées de la physiothérapie psychologique. Mais le rejet de la fonction psychologique a ses propres dangers. Cela pousse les gens - en particulier ceux qui ont une expérience directe dans la façon dont il peut bénéficier, loin des sciences et aux cinglés d'autres conseillers. Et il nous aveugle à la connaissance qui pourrait être extrêmement important pour la médecine. Je soutiens à Cure que les deux stratégies doivent être combinées: fournir les corps et les esprits des patients.

Le mode automatique de la guérison du corps est déclenché lorsque le corps est calme et détendu. Le système nerveux parasympathique est dans ce cas dominante. La tâche du système nerveux parasympathique est de résister à l'infection à long terme. Il régule votre métabolisme et d'autres processus essentiels pour stabiliser le corps.

Avez-vous remarqué que certaines personnes reçoivent régulièrement malades tandis que d'autres obtiennent à peine malade (même quand ils tombent malades, ils récupèrent rapidement) ?? Ceux qui sont « habituellement » malades sont très probablement épuisés ou distraits -Ils ne permettent pas leur corps l'occasion de se reposer et de se réparer naturellement.

Voici les trois étapes pour récupérer le mode de guérison naturelle de votre corps:

1. Feel Your Body Heat

La température de la peau est corrélée avec le système immunitaire. L'équilibre de la température corporelle idéal est de garder votre tête froide et chaude sous le ventre. Bas-ventre est le cœur de votre corps, ce qui favorise le bien-être en conservant la force dans ce domaine. Il est préférable d'augmenter la température de votre corps en ayant quelques minutes de soleil ou en cours d'exécution pour chauffer votre corps au moins une fois par jour.

2. Contrôlez votre respiration

Pratiquer la respiration profonde dans le diaphragme et le bas-ventre. La respiration profonde aide et soulage automatiquement la peau. Bien qu'il soit très difficile d'augmenter ou de diminuer délibérément la tension artérielle, le rythme cardiaque ou la température du corps, nous réglementons inconsciemment par notre respiration. Vous pourrez également réaliser que lorsque vous vous concentrez sur votre respiration, vos émotions et pensées régler et votre corps est en équilibre.

3. Observez avec votre esprit

Pratiquer la pleine conscience quotidienne dans un esprit clair et calme. Surveillez vos émotions et pensées et apprendre à ne pas détruire complètement ou de les contrôler. Dès que vous entendez la respiration, il approfondit et ralentit naturellement. Si vous regardez la température de votre peau, il devient en toute sécurité.

Ces trois actions: le sens de votre chaleur corporelle, réguler votre respiration et regarder votre entrelacent esprit afin de créer une méthode naturelle de préserver la santé physique de votre corps.

Chapitre 7

dysfonctionnel microbiome

Dans le microbiote d'un organisme, le nombre de gènes dans toutes les bactéries est de plus de 200 fois le nombre de gènes dans le génome humain. Le microbiome peut peser jusqu'à cinq livres.

Qu'est-ce que le microbiome a à voir avec la santé?

Pour le développement humain, l'immunité, et la nutrition, le microbiome est essentiel. Pas envahisseurs, mais colonisateurs bénéfiques sont les bactéries qui vivent dans et sur nous. Microbes que l'infection cause à évoluer dans le temps, la modification de l'expression des gènes et des processus métaboliques, entraînant une réponse immune inhabituelle aux produits chimiques et les tissus qui sont généralement présents dans le corps.

les maladies auto-immunes ne semblent pas être transmis par héritage de l'ADN dans les familles, mais un héritage du microbiome du corps. Quelques exemples: entre les jumeaux en surpoids et mince, le microbiome intestinal est unique. jumeaux obèses ont réduit les taux et la diversité des enzymes plus élevés de bactéries, ce qui signifie que les jumeaux obèses sont plus efficaces pour digérer la production alimentaire et en calories. Un mauvais équilibre des bactéries dans l'estomac a également été associée à l'obésité.

Le diabète de type I est une maladie auto-immune liée à un microbiome intestinal moins stable. Les bactéries jouent un rôle important dans le développement du diabète dans les études animales.

La poussière des maisons de chien peut réduire la réponse immunitaire aux allergènes et autres déclencheurs de l'asthme en changeant la composition de microbiome intestinal. Les enfants vivant dans des foyers animaux sont présentés moins susceptibles de développer des allergies avec les enfants.

Quel est le projet du microbiome humain (PGH)?

Le microbiome humain est mis en correspondance par des projets scientifiques dans le monde entier, donnant un aperçu des espèces inexplorées et génomes. \

Un autre projet, financé par l'Institut national de recherche sur le génome humain (NHGRI), une partie du National Institutes of Health (NIH), est le projet sur le microbiome humain (PGH). Le HMP lancé comme une extension du projet du génome humain en 2008. Il est une étude de faisabilité de cinq ans avec un budget de 150 millions $ et est menée dans certains centres autour des États-Unis.

Les objectifs du PGH à la recherche l'être humain comme un supra-organisme constitué de cellules humaines et non-humaines pour décrire le microbiome humain et d'examiner son rôle dans la santé humaine et de la maladie.

L'objectif principal de HMP est de classer métagénome (les génomes ensemble des microbes) de 300 personnes en bonne santé microbiomes pour à travers le temps. Un échantillon de cinq zones du corps: les cheveux, la bouche, le nez, l'estomac et le vagin.

Pourquoi le microbiome humain important?

Le microbiome d'une personne peut affecter leur sensibilité aux maladies infectieuses et conduire à des maladies du système digestif chroniques telles que la maladie de Crohn et le syndrome du côlon irritable. De nombreuses collections de microbe décider comment un patient répond au traitement médicamenteux. La microflore de la mère peut affecter la santé de ses enfants.

Les scientifiques qui étudient le microbiome humain trouvent les bactéries et les gènes qui étaient auparavant inconnus. Les études génétiques évaluation de l'abondance relative des différentes espèces dans le microbiome humain ont des espèces de microbe spécifiques associés combinaisons avec certains aspects de la santé humaine. Avec une compréhension plus complète de la diversité des microbes dans le microbiome humain peut conduire à de nouveaux traitements, peut-être en ajoutant plus de bactéries « saines », guérir une infection bactérienne causée par une bactérie « du mal ». Le HMP agit comme un guide pour définir le rôle de micro biome dans le bien-être, l'alimentation, l'immunité et la maladie.

Chapitre 8

L'inflammation chronique et l'activation immunitaire

nerf vague peut jouer un effet anti-inflammatoire à effets multiples dans le système et une partie locale de l'intestin;

Cet effet repose sur l'activation induite par l'acétylcholine des récepteurs α-7-acétylcholine, qui régulent la barrière intestinale et de l'inflammation dans le système nerveux entérique agissant sur les cellules de la grappe et des cellules entéro-endocrines dans diverses cellules immunitaires intestinal et de l'épithélium intestinal. Et de la flore;

sympathique déséquilibre vagale, des anomalies nerveuses entériques fonctionnels et l'activité de l'axe hypothalamo-hypophyso-surrénalien sont affaiblis chez les patients atteints de la maladie inflammatoire de l'intestin;

intervention de régulation du nerf vague pour réguler positivement la voie anti-inflammatoire cholinergique peut réduire l'inflammation locale et systémique intestinale. Dans les petites études cliniques, la stimulation du nerf pneumogastrique peut soulager la maladie de Crohn.

L'axe du cerveau joue entérique un rôle important dans la maladie inflammatoire de l'intestin (MII). Une étude récente de Alimentary pharmacologie et thérapeutique décrit le rôle du système nerveux autonome (en particulier le nerf vague dans le nerf parasympathique) dans la régulation de l'inflammation intestinale. Les progrès de la recherche de thérapies connexes mérite l'attention des professionnels.

En vieillissant, notre système immunitaire provoque plus l'inflammation et le système nerveux génère du stress. Voici comment le système immunitaire répond à l'esprit. Notre système immunitaire est contrôlé par le nerf pneumogastrique. Le nerf pneumogastrique contrôle les cellules dans notre moelle osseuse, qui peuvent devenir des cellules dans le foie, les intestins, les poumons ou la peau. Tant que nous apprenons à coopérer avec le corps plutôt que d'affronter, notre corps est capable d'autorégulation, la réparation, la régénération et la prospérité. « Sélective » stimulation du nerf pneumogastrique est utilisé dans certains traitements médicaux pour les personnes souffrant de dépression, ou dans certains cas pour l'épilepsie. Exercer nos pensées et nos émotions grâce à des exercices positifs (comme la méditation ou des exercices équivalents), qui contribuent à la santé et la longévité. Si nous nous sentons aiguë d'anxiété ou de stress,

Il y a un nerf important dans le corps humain qui permet au cerveau d'établir des liens directs avec des organes importants, y compris l'estomac, les poumons, le cœur, la rate, l'intestin, le foie et les reins. Le nerf pneumogastrique est appelé le nerf vague, et maintient la santé humaine de la maladie en régulant le système immunitaire de, le contrôle des niveaux de stress et de réduire l'inflammation. le niveau d'hormones de stress est régulée par le système nerveux autonome du corps. Au besoin, le système nerveux sympathique stimule votre système nerveux central. Il nous aide dans des situations de stress, blessure ou d'infection, et nous aide à faire face à ce qui est considéré comme une situation d'urgence en activant la réponse de combat ou la fuite. Lorsque le système nerveux sympathique commence à attaquer, notre rythme cardiaque augmente, la pression artérielle augmente, la respiration devient plus rapide et moins profonde, transpiration augmentera, et la région deviendra enflammée en cas de blessure ou infecté. Le système nerveux parasympathique équilibre le système nerveux sympathique en calmant et relaxant du corps. Il favorise le repos, le sommeil et la léthargie en ralentissant le rythme cardiaque, ce qui ralentit la respiration et de réduire l'inflammation. Il empêche le système immunitaire de réagir de façon excessive et une réaction excessive. Il est important de souligner que le système nerveux sympathique et le système nerveux parasympathique doivent travailler ensemble et se complètent mutuellement pour que votre système immunitaire fonctionne correctement. Un système doit équilibrer l'autre pour garder votre corps et la santé en harmonie. Si le système nerveux sympathique est pas sous le contrôle du système nerveux parasympathique et vice versa, il peut conduire à de nombreux types de conditions néfastes sur la santé et les maladies. Lorsqu'une partie du corps est souligné, blessés ou infectés, le fonctionnement du système nerveux sympathique et déclenche le système immunitaire du corps à réagir immédiatement. La première réaction du système immunitaire est d'enflammer la zone comprimée, blessé ou infecté pour protéger le reste du corps et commencer le processus de guérison. Ceci est souvent appelé l'inflammation. Nous pensons généralement de l'inflammation comme une mauvaise chose, mais si elle est temporaire, il est tout à fait naturel et normal. L'inflammation est un signe que le système immunitaire du corps est en cours d'exécution à une vitesse élevée, en essayant de vous protéger contre plus de dégâts et de le rendre plus capable de guérir. Au cours de l'inflammation, les vaisseaux sanguins dans la zone blessée ou infectée et libérer les cellules élargissent du système immunitaire plus aux tissus environnants. Le processus inflammatoire se traduit généralement par une rougeur temporaire, la fièvre, l'enflure et la douleur. Une fois que votre système immunitaire a résolu le stress, une blessure ou une infection, et votre corps est entièrement protégé, le processus de guérison est en cours et votre corps peut commencer à se détendre et rétablir l'équilibre. C'est quand fonctionne votre système nerveux parasympathique. Réduction du stress ou réduite causée par la blessure ou d'une infection, le rythme cardiaque et la respiration retour à la normale et l'inflammation commence à se calmer. Cependant, si le système nerveux parasympathique ne fonctionne pas correctement, le rythme cardiaque et la respiration peut rester élevée, et l'inflammation persistera et devenir une maladie chronique, ce qui ouvre la porte à des problèmes de santé. Les signes courants d'inflammation chronique peuvent inclure les symptômes suivants (et bien d'autres symptômes qui ne figurent pas ici): des signes évidents de vieillissement prématuré (rides), la sensibilité, le reflux acide, cancer, affections de la peau, l'arthrite, la bronchite,

Chapitre 9

Dysfonctionnel fréquence cardiaque

Obtenez la bonne quantité d'exercice et le bon type. Que vous exercez à l'occasion ou pas du tout, avant de commencer chaque séance d'entraînement, il est important de parler à votre médecin de soins primaires. Cela est particulièrement vrai lorsque vous ne voyez pas votre médecin chaque année. Votre médecin peut vouloir effectuer un test physique et peut même envisager d'effectuer un test de stress avant de commencer le programme d'exercice en fonction des résultats. Il vaut la peine, bien que cela puisse prendre du temps. Le médecin peut être une source inestimable d'information et d'assistance. De plus, quand vous savez que votre médecin vous a donné le « tout droit » pour commencer l'exercice, vous aurez moins d'inquiétude.

La quantité et le type d'exercice est important pour vous. Si vous marchez, les poids-it ride et levage importe moins que ce que vous faites, aussi longtemps que vous le faites régulièrement. Et trouver un programme de formation que vous aimez est crucial. La séance d'entraînement le régime que vous choisissez est trop important, sans être si dur et mal à l'aise, vous hésitez à le faire, pour vous fournir tous les avantages dont vous avez besoin. En d'autres termes, le meilleur niveau d'exercice est important de trouver.

L'étendue de l'activité, allant de la lumière à intensité modérée à vigoureuse, influence votre rythme cardiaque et votre respiration. Vous avez seulement besoin d'exercice aérobie doux ou une combinaison d'exercices doux et agressif pour réduire votre dépression et d'améliorer votre sensation de bien-être.

Le test de la parole est un moyen facile de surveiller l'intensité de votre entraînement. Vous faites de l'exercice d'intensité modérée si vous pouvez parler mais pas chanter pendant votre routine d'entraînement. Vous faites un exercice d'intensité intense si vous pouvez juste dire quelques mots sans une pause pour respirer. Peut-être que vous ne travaillez pas assez dur si vous ne vous sentez pas dépassés. Essayez de rester à intensité modérée pour obtenir le meilleur parti de l'exercice et l'aide avec votre inconfort et de l'humeur.

Vous pouvez essayer d'utiliser un moniteur de fréquence cardiaque au lieu du test de conversation si vous êtes le type précis. capteurs de fréquence cardiaque sont des outils raisonnablement rentables que vous fournir une rétroaction immédiate sur votre fréquence d'entraînement. Votre fréquence cardiaque ajusté selon l'âge mesure la force de votre séance d'entraînement. Par exemple, séance d'entraînement d'intensité moyenne se situe entre 64% et 76% et un exercice vigoureux est entre 77% and93% de la fréquence cardiaque maximale ajusté selon l'âge. Vous travaillerez à garder votre rythme cardiaque à environ 115 battements par minute lorsque vous êtes 41 ans et que vous souhaitez rester dans la partie inférieure de la plage d'intensité modérée. Votre fréquence cardiaque est votre objectif.

Chapitre 10

Dysfonctionnel Fonction hépatique

Il peut se développer comme une perturbation infraclinique et cellulaire chronique. Aussi peut continuer à être la vie en danger, a dit aussi être une insuffisance hépatique avec un compromis plus du système d'organes. Le nerf pneumogastrique joue une série de rôles essentiels dans le système digestif, en aidant à contrôler le processus continu de nourriture descendant de la bouche, en passant l'épiglotte, pénétrer dans l'œsophage, en passant le sphincter oesophagien, entrant dans l'estomac où la nourriture des assure du nerf vague est préparé pour l'assimilation et poussé vers l'avant dans l'intestin grêle, où l'assimilation se produit réellement. Il garantit en outre la nourriture continue d'être digéré, qui continue dans le gros intestin et la partie de traversée du côlon. fibres vagales prolongent également dans le foie et le pancréas.

Comme il descend, atteint le nerf pneumogastrique et influences toutes les composantes du système digestif. Ensemble, ces connexions forment le plexus de l'œsophage. Dans cette série de connexions, le nerf pneumogastrique joue une diversité de rôles dans le contrôle du processus digestif. Un effet notable est la médiation de péristaltisme, les contractions automatiques et des extensions qui se déplacent la nourriture de l'estomac dans l'intestin grêle. Lorsque ce processus fonctionne mal, il peut conduire à une condition appelée gastroparésie, dans laquelle les contractions ne parviennent pas à se déplacer aliments dans l'estomac, ce qui provoque une perte d'appétit, des douleurs, des nausées, et la malnutrition.

Le nerf pneumogastrique joue un rôle de maintien de la santé critique dans le système gastro-oesophagien en empêchant le reflux acide, ce qui peut conduire à la maladie de reflux gastro-œsophagien (RGO). Elle facilite le blocage de l'acide chlorhydrique gastrique (HCL) de pénétrer dans l'œsophage en gérant la pression du sphincter œsophagien (qui ferme l'ouverture dans la partie supérieure de l'estomac).

Chapitre 11

Le stress chronique

Lorsque nous nous retrouvons coincés dans une situation stressante, nous finissons en fin de compte activer notre système nerveux sympathique qui nous donne notre mode de combat ou vol. Si la situation stressante ne soit pas réglé rapidement et nous sommes coincés dans ce moment tendu, nous sommes alors incapables de désactiver les réponses qui déclenchent ce mode. Cela provoque de nombreux problèmes destructeurs de nos systèmes et peut conduire jusqu'à notre corps arrêter. Notre cerveau déclenchent alors d'activer deux voies, à savoir l'axe surrénale hypophyse hypothalamus, ainsi que l'axe de l'intestin du cerveau.

Lorsque nous sommes stressés et souffrant d'anxiété dans certaines situations, le cerveau réagira en augmentant la production de votre taux d'hormones dans la glande hypophyse, où l'hormone ACTH est libéré dans votre système par la circulation sanguine.

Cette hormone voyagera ensuite à vos glandes surrénales où seront stimulés adrénaline et le cortisol. Ces deux hormones joueront alors un rôle d'être des précurseurs inflammatoires ainsi que suppresseurs du système immunitaire, ce qui explique pourquoi on finit par se sentir malade et usé quand nous sommes stressés et anxieux de quelque chose. Nous finissons par obtenir facilement incroyablement malade sont en baisse de notre système immunitaire pour ce temps et, finalement, nous pouvons alors se glisser dans une dépression qui a également été liée à une réponse inflammatoire du cerveau.

Nous avons également constaté que lorsque vous êtes anxieux et stress chronique, votre cerveau aura souvent une augmentation d'un neurotransmetteur appelé glutamate, et quand il est surexcité et produit en excès, il peut être une cause dans la dépression, l'anxiété et causer de graves migraines.

Ces facteurs de stress qui causent un niveau plus élevé de cortisol dans le système peut également être un facteur de premier plan dans la perte de mémoire, ainsi que la formation de nouveaux souvenirs. Lorsque le nerf pneumogastrique est impliqué ou si le nerf vague est endommagé de quelque façon, il peut entraîner des symptômes indésirables tels que des difficultés respiratoires et une arythmie cardiaque, ce qui provoque souvent des évanouissements, des étourdissements, des problèmes gastro-intestinaux, et des réponses sur-émotionnelles.

Lorsque le nerf pneumogastrique n'a aucun contrôle sur le signal de relaxation, le système nerveux sympathique reste actif et provoque la victime d'avoir des réponses impulsives vers l'anxiété et la dépression.

Fait intéressant, une étude qui a été développé à l'Université de Miami a découvert que lorsqu'une femme est enceinte, son tonus vagal se transmet à son bébé à naître.

Cela signifie que les femmes qui passent par une grossesse stressante, ou qui souffrent d'anxiété, la colère et la dépression au cours de leur grossesse transmettront ces sentiments dans leur enfant à naître. Ces femmes qui étaient à l'étude se sont révélés avoir une réponse vagale beaucoup plus faible à certains stimuli, et leurs enfants avaient aussi la même réponse ou similaire avec un tonus vagal réduit ainsi que d'avoir des niveaux inférieurs de la sérotonine et de la dopamine dans leur circulation sanguine.

Il a donc été constaté que l'ajout d'une stimulation du nerf vague au-dessus de médicaments pour le traitement de la dépression peut finalement améliorer à long terme, la qualité de une personne la vie, en particulier pour ceux qui souffrent de dépression chronique grave qui seul médicament ne peut être aider avec.

L'Institut national de la santé mentale est venu de constater que sur des dizaines de millions de personnes ont disparu dans un état de dépression majeure au cours de l'année dernière aux Etats-Unis d'Amérique, et la plupart de ces personnes ont signalé que leur dépression a en fait prendre un coup sur leur qualité de vie globale.

Parfois, les thérapies proposées pour la dépression ne coupent pas tout simplement tout à fait. Même après avoir fait des changements de style de vie, être sur plusieurs médicaments, et d'aller au conseil, les gens trouvent qu'ils ne bénéficient toujours pas d'amélioration de leur qualité de vie. Neurostimulation ces jours-ci devient beaucoup plus populaire et action rapide, en particulier pour les personnes souffrant de dépression résistante au traitement. L'une des meilleures formes de neurostimulation est la stimulation du nerf vague.

Une étude a été faite où une équipe a décidé d'examiner les effets de la stimulation du nerf vague sur des centaines de personnes qui souffraient de dépression résistante au traitement. Tous ceux qui ont participé à l'étude avaient essayé au moins quatre antidépresseurs et avait absolument aucun succès avec l'un d'eux avant de tenter l'étude de la stimulation du nerf vague. La moitié des participants ont été traités avec la stimulation du nerf vague au-dessus de leurs traitements actuels, tandis que l'autre moitié a juste continué leurs médicaments habituels et les traitements de psychothérapie sans stimulation du nerf vague.

Afin d'évaluer véritablement la qualité de vie des participants, l'équipe a utilisé certains paramètres afin d'obtenir des résultats plus précis tels que:

- la santé physique perçue du sujet de test
- La capacité de travail, en particulier sous pression
- La capacité à se déplacer, longue et courte distance
- L'humeur du sujet de test au moment du procès
- Les relations du sujet de test avec les membres de leur famille
- Ce que chaque sujet de test pour faire plaisir a aimé et de loisirs

Les patients qui ont été équipés de stimulateurs du nerf vague se sont révélés être se sentir beaucoup mieux que ce qu'ils avaient depuis longtemps, avec une certaine amélioration si radicalement qu'ils se sentaient peu à pas de dépression à la fin de l'étude.

Le stimulateur du nerf pneumogastrique a été montré pour améliorer non seulement la capacité d'une personne à se concentrer, mais il a également été montré pour améliorer la vigilance et réduire l'anxiété de la personne qui l'utilise.

Quand une personne se sent comme ils ont la capacité plus se concentrer et ils sont plus vigilants et actifs, leur niveau de stress diminuent et une meilleure qualité de vie peut reprendre à partir de là. En ajoutant le stimulateur aux médicaments en cours d'un patient, il peut faire un monde de différence dans la vie de tous les jours de cette personne et comment ils fonctionnent dans la société.

Chapitre 12

sommeil dysfonctionnel et rythme circadien

INSOMNIE

Vous avez probablement entendu ce terme à plusieurs reprises avec des collègues ou des amis qui ont des troubles du sommeil. Vous pourriez avoir même passé le tout comme les trop anxieux ou excité de se placer dans un état de repos.

Ce que la plupart des gens ne savent pas à propos de l'insomnie est c'est une condition débilitante qui a de graves répercussions sur le corps. Il n'est pas une phase ni une légère maladie que les somnifères vont guérir tout le temps.

Définition

Au cœur, l'insomnie est une condition dans laquelle une personne a de la difficulté à se endormir et à maintenir le sommeil.

Vous, en tant qu'adulte, peut-être vécu à quelques reprises dans le passé, en particulier pendant les périodes de stress ou avant un grand événement prévu dans votre vie. Ces courtes, par étapes et des périodes limitées de l'insomnie insomnie aiguë caractérise.

D'autre part, il y a ceux qui ont souffert de cette maladie pendant de longues périodes de temps. Cela pourrait être en raison d'événements traumatiques ou des raisons biologiques. Ceci est connu comme l'insomnie chronique.

Que ce soit aiguë ou chronique, une chose est toujours constante: votre corps ne reçoit pas assez de repos lorsque vous souffrez d'insomnie. Il affecte la journée, l'humeur et la performance.

Il a été mentionné dans les leçons précédentes que vous avez besoin de sommeil de qualité. Ceci est représenté en remplissant un cycle de REM complet dans lequel votre corps se paralyse pour vous empêcher d'agir dans votre sommeil. Au cours de l'insomnie, les gens ne parviennent pas à atteindre ce stade car ils ont des difficultés à maintenir leurs cycles de sommeil ou complètement ne parviennent pas à se endormir en général.

Dans le mode de vie trépidant d'aujourd'hui, l'insomnie a été considéré comme le plus trouble du sommeil commun aux États-Unis. Plus de 25 millions de personnes souffrent d'insomnie soit aiguë ou chronique.

Symptômes

Il est difficile de dire si vous souffrez d'insomnie parce que les symptômes pourraient facilement être considérées comme résultant d'être fatigué ou stressé ou tout simplement la cause simple du quotidien. Cela étant dit, il est important de remarquer une tendance dans ces signes.

- Incapacité à se endormir. En dépit d'avoir la chance de se coucher pour obtenir un peu de repos, vous ne pouvez pas sembler forcer votre corps en pensant qu'il est temps de récupérer. Vous pouvez soit être inquiet au sujet de quelque chose ou vous sentez que vous avez encore quelque chose à faire.

- sommeil interrompu. Après, vous avez tendance entrer avec succès vos premiers cycles non-REM du sommeil pour se réveiller, se sentir fatigué et irrité par le manque de repos. Même sans stimuli externes ou des perturbations, vous parvenez à vous réveiller avant d'arriver à vos cycles de sommeil paradoxal.

- Se réveiller inutilement tôt. C'est quand vous ne pouvez plus revenir en arrière pour dormir une fois que vous terminez votre cycle en cours. Vous estimez que vous devez commencer avec le jour en dépit de ne pas avoir assez de repos.

- Les erreurs de mémorisation et de concentration. En raison du manque de repos, vous avez du mal à placer votre esprit à la bonne fréquence nécessaire pour le travail qui vous attend. Vous avez aussi des problèmes souvenir des tâches, les choses et les gens même.

- Irritabilité et la dépression. En raison de votre incapacité de bien dormir, votre humeur modifie radicalement. Puisque vous êtes fatigué surtout par le manque de sommeil de récupération, vous vous sentez malheureux et irritable, affecter vos relations avec d'autres personnes.

Outre cela, il pourrait y avoir d'autres symptômes liés à l'insomnie. Vous pourriez faire beaucoup d'erreurs au travail ou pire encore, avoir commis des accidents pendant que vous êtes en déplacement.

Le problème avec les cas non diagnostiqués d'insomnie est que les gens ont tendance à ne pas tenir compte de ces symptômes et simplement supposer qu'ils vont disparaître au moment où ils sont en mesure de rentrer chez eux et obtenir un peu plus de sommeil.

Voici comment l'insomnie aiguë devient chronique. Sans aucune intervention médicale ou thérapeutique, ces symptômes seulement finissent par prolonger votre souffrance.

Traitement

La première étape pour le traitement de l'insomnie est d'accepter qu'il ya un modèle de votre routine dans l'insomnie quotidienne. Vous devez cesser de supposer que cela va disparaître si vous avez eu une nuit entière à vous-même ou lorsque les jeux de week-end en.

Lorsque vous avez reconnu ce modèle, ne pas essayer de résoudre le problème vous-même. Mentionnez à votre médecin et demander des conseils. Faut-il avoir une bonne connaissance des troubles du sommeil, ils peuvent être en mesure de faire des recommandations.

Ceci est important parce que vous êtes seulement à mi-chemin. Maintenant que vous savez qu'il ya un problème, l'étape suivante consiste à trouver la cause du problème. Il pourrait être simple anxiété ou quelque chose de bien pire. Savoir ce que provoque l'insomnie permet aux médecins de faire les bonnes recommandations.

- Problèmes médicaux. Vous pourriez déjà souffrir de quelque chose d'autre, ce qui vous rend incapable de dormir. Fait intéressant, plusieurs autres maladies entraînent l'insomnie comme un de leurs symptômes. Des exemples de ceux-ci sont des troubles rénaux, la maladie de Parkinson, l'asthme et même le cancer. Vous devrez peut-être passer par des examens médicaux pour trouver maux qui affligent vos habitudes de sommeil.

- La dépression, l'anxiété et le stress. Ce sont les causes les plus fréquentes de l'insomnie, en particulier dans les cas chroniques. La plupart des gens sont préoccupés par un certain nombre de choses, ou ils pourraient être émotionnellement marqués d'un événement traumatique d'une longue période. Ils pourraient également souffrir d'un stress chronique qui provoque votre corps à se sentir comme elle est menacée, malgré déjà couché sur votre lit.

- Des médicaments. Vous pouvez déjà essayer de résoudre un autre problème avec votre corps en prenant des médicaments. Votre médecin sera presque toujours demander et vérifier vos dossiers si vous avez prescrit quelque chose qui vous fera perdre le sommeil. Il est aussi une bonne idée de jeter un oeil à vos vitamines et suppléments et renseignez-vous sur eux. Dans d'autres cas rares, même les pilules de contrôle des naissances ont été trouvés pour causer de l'insomnie chez certaines femmes.

- D'autres problèmes de sommeil. À la base, l'insomnie peut être un symptôme ou d'un trouble en soi. Parfois, cela signifie aussi que vous avez d'autres problèmes de sommeil qui nécessitent une attention supplémentaire. Vous pourriez souffrir d'apnée du sommeil ou du décalage horaire ou même un écart par rapport à votre rythme circadien.

Une fois que vous zéro dans la cause, il est une question d'appliquer diverses méthodes pour amadouer votre corps en détente. Tout comme les causes de l'insomnie, les traitements peuvent également varier.

L'acupuncture pour l'insomnie

Étonnamment, il existe maintenant des preuves scientifiques directes reliant l'acupuncture à des problèmes de sommeil. Des études menées en 2004 ont montré que l'acupuncture a causé directement de meilleures nuits pour les personnes qui ont souffert de l'insomnie.

D'après les études, un groupe témoin qui a été soumis à des séances individuelles de l'acupuncture ont été démontré que plus les niveaux de mélatonine pendant le sommeil. Ceci, à son tour, conduit à des périodes plus longues de sommeil paisible. Vous connaîtrez la mélatonine comme une hormone qui est étroitement liée à votre sommeil et des cycles d'éveil. Quand il est présent dans le système, il prépare le corps pour une période de repos et de récupération.

Mais vous ne pouvez pas commencer à coller des aiguilles en vous-même. C'est un art ancien, mais il est celui qui a besoin d'un expert. Heureusement, il existe de nombreux services qui ont des portails en ligne qui vous permettent de réserver une session ou vous donner accès à leurs installations et du personnel.

Si vous êtes encore dans l'obscurité à ce sujet, l'acupuncture est le processus thérapeutique de coller long, de fines aiguilles dans différentes parties du corps. Cela peut sembler douloureux et inhabituel au début, mais ces séances ont été prétendu être sans douleur.

Sur la base des anciennes croyances de médecine chinoise, l'acupuncture a été initialement destiné à guérir la maladie en ciblant les points d'acupression spécifiques dans le corps avec des aiguilles. Ceci, à son tour, libérer de l'énergie interne dans le corps et permettre une bonne énergie de circuler dans les canaux droit.

Ce système a changé au fil des années, mais est encore pratiquée par de nombreux experts dans le domaine.

Il est important de se rappeler que l'acupuncture reste encore comme méthode complémentaire de méthodes éprouvées et éprouvées. Ce n'est pas un remède en soi, et doit toujours être pris sous la supervision d'un médecin.

Décalage horaire

Ce qui est tout considéré comme un effet secondaire de voler à travers différents fuseaux horaires pourrait être quelque chose qui affecte considérablement la qualité de votre sommeil.

Jet lag est une condition dans laquelle vous ne pouvez pas bien dormir et soulager certains maux lorsque vous passez à travers plusieurs fuseaux horaires. Les grands voyageurs parlent de cette condition quand ils font plusieurs pauses à travers les différents continents, chacun avec leurs propres fuseaux horaires.

Les personnes qui souffrent du décalage horaire trouvent généralement du mal à dormir ou devenir vraiment envie de dormir à des moments inopportuns du pays dans lequel ils ont arrivés. En raison des différents fuseaux horaires, vous pouvez toujours être accueillis par le soleil du matin après un vol de douze heures qui a décollé en début de matinée.

Quand votre corps attend qu'il soit temps de nuit avec l'absence de lumière du soleil, mais est accueilli heures plus tard par le même soleil, malgré une longue quantité de temps qui passe, il est lié à provoquer un déséquilibre au sein de votre rythme naturel. Cela pourrait conduire à des choses suivantes:

- Irritabilité

- Fatigue

- Perte de mise au point

- Léthargie

- Maux de tête
- problèmes digestifs
- Insomnie

Si vous éprouvez ces symptômes après un long vol, cela signifie que votre corps est sous le choc des effets des zones changeantes. Cela signifie que vous devez obtenir un sommeil de qualité afin de réinitialiser vos fonctions.

Traitement

Pour la plupart des cas, le décalage horaire sert un inconvénient temporaire aux merveilles de Voyage. Offrez-vous un jour de repos et votre corps aura réglé complètement nouveau fuseau horaire.

Cela étant dit, il y a quelques remèdes disponibles pour vous aider à mieux adapter à ce phénomène:

- Si vous séjournez dans un nouveau pays pendant plusieurs jours, offrez-vous quelques jours de repos, égal au nombre de fuseaux horaires que vous traverserez. Si vous ne restez à l'étranger pendant une courte période, essayez de maintenir votre horaire de sommeil original et mettre en place avec les inconforts initiales de votre destination. Il vaut mieux que d'ajuster une fois de plus quand vous rentrez chez vous.

- Adapter à votre destination. Si votre destination est plusieurs heures à l'avance, entraînez-vous dormir en même temps les gens du sommeil là-bas, même si vous n'êtes pas encore là. Utilisez une horloge internationale pour garder une trace des différences de temps que vous ajustez vos habitudes de sommeil. Vous ne serez pas choqué par le décalage horaire autant si vous avez été en train de changer votre horaire de sommeil avant le départ de votre plan.

- Évitez l'alcool en vol et de la caféine. Ces substances ne vous donnera que ce soit une course ou vers le bas, qui sont à la fois inutiles que vous passez à travers différents fuseaux horaires. Celles-ci ne ternissent la qualité du sommeil que vous obtenez lorsque vous êtes en vol.

- Utilisez Mélatonine. Pensez à cela comme l'un des rares cas où est nécessaire une aide à dormir. Lorsque vous approchez le fuseau horaire de votre destination, vous devez faire coïncider votre rythme de sommeil avec les leurs. Cela peut être difficile, surtout quand vous traversez une grande différence de temps. Mélatonine aidera à soulager votre corps à dormir pendant des heures irrégulières que vous essayez de faire correspondre le fuseau horaire de votre destination.

- Gardez-vous très hydraté. En raison de la nature que vous ne pouvez jamais le décalage de l'horloge biologique, dites quand votre corps sera en repos ou état actif. Quel que soit l'état qui peut être, vous devez être sûr qu'il ya beaucoup d'eau dans votre système. Etant donné que le décalage horaire peut entraîner un changement dans votre mouvement de l'intestin ainsi, il est utile de rester bien hydraté pendant les longs trajets de sorte que vous débarquez avec un estomac intact et une lueur saine.

- Utilisez le Soleil Ne vous contentez pas de garder les volets fermés. Vous voulez obtenir la lumière du soleil, même pendant que vous prenez l'avion, surtout quand vous vous approchez de votre destination. Si vous arrivez la nuit, il est préférable de garder les volets fermés.

Ces méthodes ont été utilisées par de nombreux professionnels de l'industrie de l'aviation pour se maintenir en bonne santé en dépit de leur passage fréquent dans des fuseaux horaires différents.

Le syndrome des jambes sans repos

Aussi connu sous le nom RLS, cette condition trouve étrangement son chemin comme un trouble qui affecte votre sommeil.

Vous demandez peut-être comment quelque chose qui affecte votre phanères bas se mêle de sommeil une bonne nuit. Au cœur même, RLS affecte le système nerveux. Il crée des sensations désagréables dans la jambe. Ces sensations varient du sentiment de quelque chose ramper vos jambes, la douleur, épingles, mollesse et même itchiness.

Ces sensations se produisent même s'il n'y a rien qui se passe réellement dans vos jambes. Ils sont tous dans l'esprit. Imaginez ces sensations qui vous arrive pendant que vous dormez. C'est ainsi SJSR affecte la qualité et la durée de votre repos. Les gens qui souffrent de RLS se réveillent au milieu de la nuit pour se déplacer et se gratter les jambes, même s'il n'y a rien de mal avec eux.

Causes

Fait intéressant, RLS sert également comme un symptôme d'autres troubles et maladies. Les gens qui souffrent de Parkinson et du diabète ont été connus pour présenter des symptômes du SJSR. du rein et des maladies des carences en fer ont été également connus pour partager l'espace avec RLS.

Certains antidépresseurs ont été également connus pour induire RLS, en particulier lorsqu'ils sont pris régulièrement. Une fois pris en dépit montrant des symptômes du SJSR, ces médicaments peuvent finir par aggraver les symptômes; rendant la douleur plus intense et que non.

Traitement

Depuis RLS est connecté à d'autres maladies, le traitement de ces conditions contribuent directement à soulager les symptômes du SJSR. Cela prend la coordination avec votre médecin en fonction de ce qui ne va pas avec vous.

Si votre médicament est la cause de votre inconfort, vous devez vérifier vos ordonnances et demandez à votre spécialiste des solutions de rechange qui ne mettent pas le même effet secondaire.

Il y a aussi des cas où RLS ensembles après vous arrêtez de prendre un certain médicament. Ceci est votre corps se habituer à une routine normale maintenant sans l'aide de votre médicament.

Sur une autre note, choyer vos jambes un peu ne fait pas mal vos chances d'éviter RLS quand vous dormez. Les conseils suivants peuvent être fait à la maison pour aider avec les symptômes:

- Obtenir un massage. Prenez note que le SJSR est une condition du système nerveux. Votre cerveau envoie des signaux à vos jambes pour se sentir d'une certaine façon, malgré l'absence de stimuli. Nourrir vos nerfs un massage relaxant est un moyen de freiner la tendance de ressentir la douleur. Il est difficile de duper vos jambes dans la douleur de sentiment quand ils sont choyés et détendu.

- Packs chauds et froids. Ce choix dépend de vos plans pour le lendemain. Si vous visez un repos de nuit fraîche, un pack froid pour les jambes est une excellente façon de réduire votre température pour la nuit. Si vous souffrez déjà de douleurs des jambes avant d'aller au lit, un pack chaud contribuera à la circulation sanguine pour apporter plus d'oxygène à vos régions inférieures.

- Relaxis. Ceci est connu comme un tampon vibrant. Une chose unique au sujet RLS est ce qui est affecte les nerfs des jambes sans endommager la partie externe de votre appendice. Une façon d'interrompre ces attaques est de fournir un stimulus externe aux jambes. Donnez-leur quelque chose à l'expérience de surcharger les nerfs dans les jambes. C'est ce qu'un pad vibrant fait. Votre cerveau ne sera pas le temps d'envoyer les mauvais signaux aux jambes si vos jambes connaissent déjà des vibrations de lumière pendant que vous dormez.

Malheureusement, il n'y a pas un remède prouvé complètement se débarrasser du SJSR. La meilleure chose que vous pouvez faire est de vous assurer que votre sommeil est perturbé par les « douleurs fantômes » provoquées par une telle condition.

narcolepsie

S'il y a des troubles qui vous causent à éviter et perturber le sommeil, il y a aussi des ordres qui vous rendent assoupis quand vous n'êtes pas censé être. Un tel exemple est narcolepsie.

Caractérisé en étant trop somnolent pendant la journée, plaies narcolepsie 1 sur 2000 personnes aux États-Unis. Cela peut sembler comme une maladie rare, mais il est celui qui ne se contente pas affecte votre journée. Il affecte vos nuits aussi.

Les personnes qui souffrent de narcolepsie sont presque dépourvus de fonction active. En dépit d'avoir la bonne quantité de sommeil, ils deviennent encore très léthargique pendant les heures de veille de la journée. Ils ont tendance à se endormir facilement dans l'après-midi, bien qu'il n'y ait aucune chance bien dormir. Ils peuvent même tomber droit endormi au milieu de certaines activités.

Pour les patients atteints de narcolepsie, leurs corps ne peut pas vraiment distinguer quand il est temps de se réveiller ou se reposer. Cette ligne a été floue. C'est pourquoi ils présentent des symptômes de somnolence quand ils sont censés être dehors.

En plus de ces problèmes quand ils se réveillent, leur corps ne peut pas vraiment reconnaître quand le temps de repos est tout. Cela les amène à se réveiller au milieu de la nuit, soi-disant pour faire quelque chose. Ces perturbations dans leurs centres de sommeil et des cycles éveillés sur une anomalie dans votre hypothalamus.

Causes

Le principal coupable derrière narcolepsie est l'absence d'une certaine substance chimique produite par le cerveau connu sous le nom hypocrétine. Pensez à cela comme la substance « réveiller » dans le corps.

Lorsque l'hypothalamus crée hypocrétine, le corps est amené à croire que le temps de repos est terminée et il est temps d'augmenter l'activité cérébrale, le taux métabolique, ainsi que la fréquence cardiaque. Ces choses sont ce qui nous tient le matin après que nous Dormez une bonne nuit.

Pour une personne avec la narcolepsie, que ce soit leur hypothalamus est endommagé ou ne fonctionne pas correctement, l'amenant à ne parviennent pas à produire ce produit chimique important. Sans ce produit chimique, le corps n'a aucun moyen de savoir quand il est temps de le coup de pied dans la haute vitesse ou simplement garder les choses moelleux et somnolent.

Traitement

Malheureusement, la narcolepsie est similaire à RLS dans le sens qu'il n'y a pas eu un remède éprouvé à quelqu'un complètement débarrassé de la maladie. La nature délicate de l'hypothalamus rend difficile à guérir.

Malgré cela, il existe quelques méthodes pour atténuer les symptômes et de fournir une meilleure énergie tout au long de la journée.

- stimuler votre métabolisme avec force. Si votre corps est incapable de distinguer le temps éveillé et le sommeil, vous pouvez sauter les choses de départ sur votre propre en buvant beaucoup d'eau pendant la journée. Cela va forcer votre corps à lancer ses vitesses de traitement pour répondre aux exigences de la journée. Environ 16 onces fera l'affaire

- S'engager dans des séances d'entraînement cardio. Quelle meilleure façon de dire au corps qu'il est temps d'être debout et que votre cœur en donnant une course littérale pour son argent? L'engagement dans l'exercice qui élève la fréquence cardiaque est une excellente façon de rester en vie et éveillé et enthousiaste pendant les parties cruciales de votre journée de travail.

- Évitez les aliments transformés. Étant donné que votre corps a un taux métabolique du sommeil, l'ingestion d'aliments qui prend le temps de digérer ne va rendre les choses difficiles pour vous. Vous vous retrouverez avec les artères obstruées et d'autres troubles pour compléter votre narcolepsie.

- Changez vos multivitamines. La bonne chose au sujet des vitamines est que vous pouvez les modifier en fonction de vos besoins. Vous ne vous contentez pas besoin d'un coup de pouce de simple vitamine C everday. Parfois, vous devez fer aussi bien. Parlez à votre médecin au sujet de vitamines qui stimulent votre énergie et vous garder quand il est le plus nécessaire.

- TOUJOURS rester loin de la caféine. Tout simplement parce que vous êtes endormi quand vous n'êtes pas censé, cela ne pas le café moyen va faire des merveilles pour vos heures de veille. Il ne peut toujours pas aider. Une fois que vous brûlez la caféine dans votre système, votre corps va revenir à des symptômes narcoleptiques à un moment ultérieur.

- Utilisez le Soleil Profitez de votre sensibilité du corps à la lumière du soleil. Au cours de la matinée, une promenade rapide dans le soleil du matin pour donner à votre corps un appel de réveil.

Prenez note que ces mesures doivent être prises avec un voyage à votre médecin. Ils seront vous prescrire des médicaments de remplacement pour vous aider à faire face à ces symptômes. Ils ne peuvent pas éliminer votre narcolepsie, mais ils vont rendre plus faciles à gérer au jour le jour.

Retardé trouble du sommeil de phase

Le plus souvent trouvé chez les adolescents, ce trouble provient d'une anomalie à votre rythme circadien. les niveaux de taux métabolique naturel et de l'énergie de votre corps de pointe et goutte à des moments inopportuns.

Pour les personnes qui souffrent de cela, ils trouvent qu'il est impossible de dormir dans les petites heures du matin. Ceci est très différent d'une « personne de nuit » qui aime juste rester jusqu'à la fin. Ce sont des gens qui ne peuvent pas aller dormir parce que leur corps ne les laisseront pas.

Ceci est plus d'un problème avec le cycle circadien d'une personne. Il n'est pas en phase avec le corps, ce qui provoque un grand retard dans les choses qui sont censées se produire. Les personnes qui souffrent de ce sommeil et se sentent prêts pour lit le matin en raison de ces retards. Quand tout le monde a besoin d'aller au lit, ils se sentent comme leur journée est sur le point de commencer.

Causes

Ce problème pourrait être causé par un développement malsain d'une mauvaise hygiène du sommeil. Se habituer à des heures inhabituelles de veille et sommeil pourrait entraîner votre corps à ajuster en conséquence, en changeant son horloge circadienne entier pour accueillir votre comportement de sommeil inhabituel. Lorsque cet ajustement a été solidifiée, il devient encore plus difficile à surmonter.

Voilà pourquoi ce trouble est vu dans la plupart des adolescents en raison de leurs tendances naturelles pour rester jusqu'à la fin. Malgré cela, il peut aussi arriver aux adultes étant donné les conditions. Lorsque cela se produit, une horloge circadienne solidifiée avec des roulements mal devient difficile de changer sans changement de style de vie drastiques.

Traitement

L'une des meilleures méthodes pour restaurer le rythme circadien à la normale est l'utilisation de la lumière naturelle. Ceci est également connu comme luminothérapie.

Comme son nom l'indique, la méthode utilise la lumière artificielle pour amadouer le corps en faisant le change son horloge circadienne afin de suivre une routine normale. Il est aussi appelé photothérapie. Ici, les patients vont sur des parties critiques de la journée avec un dispositif appelé une boîte de lumière. Cette boîte émet une lumière brillante qui émule la luminosité de la lumière naturelle de l'extérieur.

Avec l'aide d'un spécialiste, vous serez soumis à cette case à certains moments de la journée; idéalement, vous voulez que ces temps soient heures de veille régulière. Puisque le corps suit un cycle différent de la norme, la lumière émise par la boîte servira rappel fort au corps de rester actif.

Pendant les heures de sommeil quand il est temps de se reposer, la boîte de lumière n'est pas utilisé. Lorsque vous avez terminé régulièrement, votre corps va commencer à construire une dépendance à la lumière de la boîte, en changeant pics et des creux dans vos niveaux de vigilance. Pendant les périodes sans la boîte, le corps va se préparer à dormir.

En collant avec la thérapie, vous pouvez « reset » de votre horloge circadienne et restaurer vos habitudes de sommeil à la normale.

Heureusement, la luminothérapie est également utilisé pour remédier à de nombreux autres types de troubles de l'horloge circadienne.

Chapitre 13

Le manque d'interaction sociale

interactions sociales positives ont été montré pour provoquer l'activation du nerf pneumogastrique, qui signifie que vous avez besoin que l'interaction avec d'autres personnes. Même les introvertis peuvent profiter de parler à quelqu'un d'autre, de partager un repas, ou de se livrer à une activité qui est partagée avec une autre personne ou plusieurs personnes. Cependant, ces interactions doivent rester positives puisque les interactions négatives et les relations peuvent effectivement réduire le tonus vagal.

Lors de l'interaction avec quelqu'un d'autre, il y a quelques façons d'augmenter les avantages de tonus vagal pour vous deux. Tout d'abord, établir une relation significative, liée à l'autre personne. Cela aidera à vous deux. Prise de contact avec les yeux et la connexion physique peut également être bénéfique. Les étreintes sont un moyen formidable de stimuler le nerf pneumogastrique, grâce à la fois la pression physique et des associations positives.

Vous avez probablement remarqué que lorsque vous obtenez une étreinte de quelqu'un, il se sent vraiment bien. Certaines personnes sont mieux Huggers que d'autres, mais la connexion avec des câlins et renforce le contact physique, ce qui rend plus probable que vous allez continuer la relation et de voir dans une lumière positive. Tout cela est bon pour votre tonus vagal et doivent être poursuivis chaque fois que possible.

Dans notre état mental, les effets que nous rencontrons sont particulièrement dramatiques: la douleur, la fatigue, la fatigue et l'anxiété. Une simulation de réalité virtuelle aide à soulager la douleur chez les victimes de brûlures de 50% de plus que les médicaments seuls, alors que nous placebos thérapies travail montre-faux que les facteurs psychologiques tels que la perception et l'interaction sociale atténuer les effets des changements biotechnologiques très semblable à ceux causés par la drogue . antalgiques placebo permettent aux agents analgésiques naturels appelés endorphines à libérer. Les patients de Parkinson répondent avec une pointe de dopamine nécessaire pour placebos. Respirer l'oxygène artificiel réduira les niveaux de neurotransmetteurs appelés prostaglandines, ce qui induit un grand nombre de symptômes de l'altitude.

Il peut sembler fou de penser et de croire aussi pour les médicaments, mais le principe sous-jacent de nombreuses réactions au placebo est que les effets que nous connaissons ne sont pas une conséquence évidente, inévitable de blessures physiques au corps. Bien entendu, de tels dommages sont importants, mais notre perception est finalement créé et réglementé par le cerveau. Lorsque nous nous sentons seuls et stressés, signes avant-coureurs sont intensifiés, y compris la douleur, la fatigue et des vomissements. Une fois que nous nous sentons en sécurité et pris soin (que ce soit d'être entouré par des amis ou à traiter efficacement), nos symptômes sont soulagés.

Partie 3Activating votre nerf vague

Chapitre 14

La mesure Vagus fonction nerveuse

Les méthodes utilisées pour évaluer parasympathique cardiaque qui est (cardiovagal) l'activité ainsi que ses effets en ce qui concerne à la fois les modèles cardiaques humaines et animales. La fréquence cardiaque avec les initiales (HR) à base de procédés comprennent des mesures de la réponse de la fréquence cardiaque pour le blocage de tonus parasympathique-à-dire les récepteurs muscariniques cholinergiques, battement à battement variabilité de la fréquence cardiaque à l'exception des initiales (HRV) ou (modulation parasympathique), le rapport des nerfs récupération de la fréquence cardiaque post-exercice (réactivation parasympathique), ainsi que les fluctuations réflexes à médiation par la fréquence cardiaque évoqué par l'inhibition de la sensorielle (également connu comme afférences). Sources ou sources de la contribution afférences excitateur qui augmentent l'activité cardiovagal diminue également la fréquence cardiaque comprennent:

récepteurs trijumeau, chimiorécepteurs, barorécepteurs et sous-sections de récepteurs cardio-pulmonaires par vagales afférences. Sources ou des ressorts de contribution afférente d'inhibition comprennent les récepteurs d'étirement pulmonaires et les subdivisions de viscérale et également des récepteurs somatiques ayant des afférences spinales. Mérites et les limites des nombreuses méthodes et approches sont abordées, et les orientations sont proposées à des fins futures.

Chapitre 15

L'exercice pour activer le nerf vague

Vous pouvez apprendre à utiliser des exercices de respiration pour décaler votre foyer loin de la douleur. L'esprit humain occupe une chose à la fois. Lorsque vous vous concentrez sur votre respiration, la douleur n'est pas la priorité. La plupart d'entre nous ont tendance à arrêter de respirer et de retenir notre souffle que nous attendons la douleur.

Sanglot stimule la réaction de lutte / vol / gel; elle tend à augmenter l'inconfort, la faiblesse, la panique et la perception de la terreur.

Vous pouvez procéder comme suit: prendre une inspiration profonde (c.-à élargir votre diaphragme) dans votre ventre au nombre de cinq, mettre en pause, puis Expirez lentement par un petit trou dans la bouche. La plupart des gens prennent environ 10 à 14 respirations par minute alors qu'ils sont au repos. Pour entrer parasympathique / relaxation / mode de guérison, abaisser le pouls à 5-7 fois par minute est le meilleur. Exhaler par la bouche au lieu du nez rend votre respiration plus conscient et vous permet de détecter efficacement votre souffle. Lorsque vous baissez vos respirations par minute et entrez dans le mode parasympathique, vos muscles se détendre et diminuer vos angoisses et inquiétudes. La livraison d'oxygène aux cellules de votre corps augmente, en aidant à produire des endorphines, les molécules de bien-être du cerveau. Pendant des décennies, les moines tibétains ont fait la « méditation consciente », mais ce n'est pas un secret. En imaginant que vous inspirez dans l'amour, vous pouvez améliorer votre expérience et de reconnaissance expirez OUT. De telles stratégies anciennes vont également renforcer votre cerveau, l'anxiété de combat, la pression artérielle et la fréquence cardiaque et augmenter vos systèmes immunitaire - et il est sûr!

'OM' Chanting

En 2011, l'International Journal of Yoga a publié une étude intéressante dans laquelle « OM » psalmodie était corrélé avec « SSS » prononciation ainsi qu'un état de repos pour décider si le chant est plus attrayant pour le nerf vague. L'étude a révélé la psalmodie d'être plus efficace que la prononciation de « sss » ou l'état de repos. Le chant efficace « OM » est liée à une sensation de vibration autour des oreilles et dans tout le corps. Une telle sensation devrait également être transmis par la branche auriculaire du nerf vague et entraînera la désactivation du limbique (axe HPA).

Comment puis-je chanter?

Tenir la partie « OM » de la voyelle (o) pendant 5 secondes et passer pour les 10 prochaines secondes dans la partie consonne (m). Passez au chant pendant dix minutes. Commencez par une profonde respiration et commencer à apprécier.

Eau froide

conduit l'exercice physique à l'augmentation de l'activation sympathique (combat / vol de HPA, réponse de la pression), ainsi que le retrait parasympathique (repos, le sommeil, la régénération, le système immunitaire), ce qui entraîne une fréquence cardiaque plus élevé (HR). Des études ont montré que l'immersion du visage d'eau froide a tendance à être un moyen simple et efficace de promouvoir la réactivation parasympathique directement suite à l'exercice par le nerf pneumogastrique, l'amélioration de la réduction de la fréquence cardiaque, la motilité intestinale, et en tournant sur le système immunitaire sur. Dans un cadre non-exercice, ce qui déclenche le nerf pneumogastrique est également actif.

Les sujets sont restés assis en face immersion dans l'eau chaude et baissaient la tête vers l'avant dans un bain d'eau froide. Le masque est trempé à immerger le nez, la bouche, et au moins deux tiers des deux joues. La température de l'air a été réglée à 10 12 ° C

salivation

Plus détendu l'esprit et plus la tension, plus le stimulus salivation sera. Vous savez que le nerf vague a été activé, et le corps est en mode parasympathique quand la bouche peut produire de grandes quantités de salive.

Essayez de vous détendre et reposer dans une chaise pour stimuler la salivation et imaginez un citron juteux. Reposez votre langue dans ce bain que votre bouche remplissages avec de la salive (si cela ne se produit pas, remplir la bouche avec une petite quantité d'eau chaude et reposer votre langue dans ce bain. Détente à elle seule stimuler la sécrétion de salive). Détendez-vous et profiter de vos bras, les pieds, les genoux, le cou, le dos et la tête détendue. Respirez profondément ce sentiment et de rester ici aussi longtemps que possible.

Chapitre 16

Les méthodes passives pour activer le nerf vague

Les effets positifs de certaines formes de massage, l'exercice, étirements de yoga et des poses, et géré la respiration profonde sont sujets à discussion, débat, accord et de désaccord sur l'efficacité réelle de ces activités et des manœuvres. Maintenant, il existe des preuves empiriques montrent que au moins quelques-unes des actions n'ont des résultats tangibles. En particulier, les actions qui stimulent le nerf pneumogastrique sont de plus en plus acceptées comme efficaces et sont recommandés comme non invasives, des solutions sans drogue aux défis physiques et émotionnels.

Étant donné que les intervient nerf pneumogastrique avec ou passe à proximité des parties du visage, les poumons, le système digestif gastro-oesophagien, le diaphragme, des exercices et des actions qui engagent ces parties du corps peut stimuler et tonifier le nerf pneumogastrique, en fournissant une complément physique aux efforts de calmants réfléchis et émotionnels.

La stimulation du nerf pneumogastrique est et peut être activé facilement par de nombreuses méthodes de techniques de relaxation et de respiration:

- Profonde et la respiration de l'estomac lent

- 'OM' ou Ohm Chanting

- Immersion de votre visage à l'eau froide après l'exercice

- Submergeant votre langue dans la bouche remplie de salive pour activer la réponse du vagal hyper-détente

- Gargarisme haut et fort avec de l'eau

- chanter à haute voix

- Pour répéter l'acte de la respiration profonde, assurez-vous de respirer de l'air par le nez, puis expirez en l'air par la bouche. Choses dont il faut se rappeler:

- Respirez lentement

- Respirez profondément, de l'estomac

- Prenez une exhalation plus longtemps que vous inspirez

Vivre un mode de vie de l'anxiété et la stimulation cérébrale continue est de nous conduire sur une route des conditions et des symptômes médicaux liés à un stress élevé. Ces gens traitent généralement avec la fatigue, une mauvaise digestion, l'anxiété, les allergies alimentaires, un mauvais sommeil et brumeuse qualité du cerveau. Ces mêmes personnes sont aussi fréquemment touchés par vagale inférieur, ce qui signifie qu'ils ont réduit la puissance du nerf pneumogastrique. Ce particulier Wanders nerveux à travers le corps à un grand nombre d'organes et transmet des signaux essentiels à et du cerveau humain relatives auxdits niveaux d'organes de fonctionnalité.

La performance qu'il confère est considérable. Dans l'esprit lui-même, il peut aider à gérer l'humeur et l'anxiété. Dans l'intestin, il augmente l'acidité, l'écoulement intestin / motilité et la production d'autres enzymes de l'estomac. l'acide gastrique est insuffisante une source importante de problèmes de santé liés à l'intestin et un nerf pneumogastrique sous-actif peut très probablement être corrélée à un nombre incalculable de problèmes de santé.

Au centre, il contrôle la variabilité de la fréquence du pouls, la fréquence cardiaque, ainsi que la tension artérielle.

Dans le pancréas, il régule l'équilibre de la glycémie ainsi que des enzymes de l'estomac.

Dans le foie, il régule la production de la bile ainsi que le nettoyage par l'intermédiaire de stade hépatique et une deuxième étape de conjugaison.

Dans la vésicule biliaire, il régule la libération de la bile pour vous aider à décomposer la graisse.

Dans les reins, il encourage les caractéristiques typiques comme l'équilibre de l'eau, la gestion du glucose ainsi que l'excrétion de sel que la pression artérielle de contrôle de l'aide.

Dans la vessie, il contrôle l'annulation de l'urine.

Dans la rate, il minimise l'irritation.

Dans les organes sexuels, il vous aide à gérer le plaisir sexuel et la fertilité, y compris des orgasmes.

Dans la bouche, ainsi que la langue, il vous aide à gérer la capacité de goût, ainsi que la production de salive par la gestion des glandes salivaires.

Aux yeux, il déclenche la génération lacrymogène par les glandes lacrymales.

Alors, comment pouvons-nous stimuler le nerf pneumogastrique garantir qu'il fonctionne bien? Permettez-moi de partager dix-neuf méthodes que vous êtes en mesure d'exercer et activer votre nerf vague.

1. Douches froides

Toute exposition aiguë au froid va augmenter la stimulation du nerf vague. Des études scientifiques montrent que lorsque le corps est exposé au froid, ses inclinations vol ou combat (sympathiques) diminuent et son repos et digèrent inclinations (parasympathique) augmentent, ce dernier qui est médiatisée par le nerf pneumogastrique. Des procédés pour induire ce comprennent submergeant un de visage dans l'eau froide, les fluides froids boire, ou même de passer à l'aide d'un gilet froid ou un casque de cri. douches froides sont également très accessibles et extrêmement précieux.

2. Le chant ou même le chant

chant optimiste, mantras, fredonner et de la variabilité de la fréquence cardiaque boost chant hymne (VRC) de différentes manières. Chanter de la partie supérieure des poumons provoque une pour travailler les muscles à l'arrière de la gorge, qui aide à déclencher le nerf vague. Les prises de quelqu'un prochaine fois que vous chanter sur la radio en conduisant la voiture, faites-leur savoir que vous êtes tout simplement la formation et l'initiation du nerf vague.

3. gargariser

Se gargariser avec une tasse d'eau chaque matin aide Contractez les muscles à l'arrière de la gorge. Cela permet ensuite de déclencher le nerf pneumogastrique et stimule le tractus intestinal.

4. Yoga

Le yoga est une activité d'activation parasympathique qui améliore la digestion, la fonction, la capacité pulmonaire et la circulation sanguine. Une intervention d'exercice de yoga de douze semaines a démontré un niveau d'anxiété humeur nettement améliorée et a diminué dans les sujets, par opposition à un groupe de gestion qui a effectué des exercices de marche de base. Cette étude particulière a démontré que les niveaux de GABA, un neurotransmetteur associé à l'anxiété et de l'humeur, ont été améliorés dans ceux qui a effectué cet exercice. humeur inférieure, ainsi qu'une plus grande anxiété, sont liés à de faibles concentrations de GABA, tandis qu'une augmentation de ces concentrations améliore l'humeur et diminue les niveaux de tension et d'inquiétude. (Référence)

5. La méditation

Il existe deux types de méditation qui ont été trouvés pour augmenter le tonus vagal - la méditation Amour-Tendresse et guidée méditation pleine conscience. Ceux-ci sont évalués par la variabilité de la fréquence cardiaque (référence). Il a également été trouvé le chant de Om induit le nerf pneumogastrique.

6. Exercices de respiration profonde

Profonde et la respiration lente stimule le nerf vague. Les barorécepteurs ou même des récepteurs de contrainte au niveau du cou et du centre, identifient la pression artérielle et de transmettre les signaux nécessaires pour le cerveau. Ces signaux particuliers de déclenchement de virage du nerf vague, ce qui réduit la pression artérielle et la fréquence cardiaque. Il en résulte une réponse de lutte ou de fuite sympathique inférieure et à un plus grand sommeil parasympathique puis digérer effet. une respiration plus lente, vous aide à stimuler la prise de conscience de ces récepteurs, augmentant ainsi l'activation vagal. Voici une astuce cruciale: souffle progressivement, obtenir votre ventre pour monter et descendre. Ceci est une action planifiée du muscle du diaphragme. Vos pièges et les épaules ne doivent pas se déplacer très bien du tout pendant chaque respiration, car ces actions sont gérées par les muscles respiratoires secondaires.

Plus le ventre se dilate et les contrats, la plus profonde que vous »

7. Le rire

On dit que le rire est le meilleur remède, un dicton qui pourrait très bien se révéler vrai qu'il a été constaté que la variabilité augmentation de la fréquence cardiaque, ce qui les commandes du nerf vague (référence). Le rire a en outre été découvert à être avantageux pour la fonction cognitive et protège également contre les maladies cardiaques. Il améliore la bêta-endorphines, les niveaux d'oxyde nitrique et avantages du système vasculaire. Il a aussi été constaté que ceux qui ont mis en place des scénarios amusants montrent un niveau de cortisol réduit en général.

8. probiotiques

L'intestin est attaché au cerveau et aussi l'un des contacts les plus évidents est par le nerf vague. Au sein de l'intestin est un microbiome entier, peuplé par des bactéries bénéfiques, les bactéries et les levures standards. Ces micro-organismes ont un impact immédiat sur le cerveau, influençant un grand pour cent des neurotransmetteurs comme la dopamine, la sérotonine et le GABA. Dans de nombreux cas, le corps humain contient moins bons germes qu'il ne le fait les mauvaises bactéries, ce qui conduit à de terribles neurochimie et aussi une diminution du tonus vagal. Probiotiques sont une excellente alternative pour vous aider à annoncer le sustain les bonnes bactéries ainsi que d'autres organismes utiles, tout en aidant à la foule les mauvaises bactéries, les levures et les parasites.

9. Lumière exercice

Exercice doux a été trouvé pour favoriser la motilité gastrique et l'écoulement de l'intestin (péristaltisme), qui sont tous deux médiée par le nerf pneumogastrique. Cela implique par la suite que douce, très faible niveau travaillant est capable de stimuler le nerf pneumogastrique (référence).

10. jeûne

Le jeûne intermittent vous aide à stimuler la variabilité de la fréquence cardiaque de fréquence plus élevée des animaux, qui se trouve être un marqueur de tonus vagal. Une fois que vous jeûnez, une partie de la réduction du taux métabolique est médiée par le nerf vague qu'il détecte une baisse du taux de glucose dans le sang avec une goutte de stimulus chimique et mécanique provenant de l'intestin (référence).

11. Massages

massages de pression sont capables de déclencher le nerf vague. Ces massages sont utilisés pour aider les enfants à prendre du poids par la stimulation de l'intestin, qui est principalement contrôlée en lançant le nerf pneumogastrique. Des massages des pieds peuvent également stimuler l'activité du nerf vague et de minimiser la fréquence cardiaque ainsi que la pression artérielle, la majeure partie de cette diminution de la possibilité de problèmes cardiaques.

12. Tai Chi

Tai Chi se trouve à augmenter la variabilité de la fréquence cardiaque des personnes en situation de maladie coronarienne qui est médiées une nouvelle fois par l'activation du nerf vague (de référence).

13. L'huile de poisson et d'autres oméga-3 acides gras

Les huiles de poisson, l'EPA et le DHA sont capables de stimuler la variabilité de la fréquence cardiaque avec diminution de la fréquence cardiaque.

14. dépresseurs Tongue

Langue dépresseurs stimulent le réflexe nauséeux. Ce réflexe est comparable à l'effet de chant ou gargarisme fort, tous deux sont médiés par le nerf vague.

15. Acupuncture

acupuncture thérapie standard et l'acupuncture auriculaire (de l'oreille) stimule l'activité du nerf vague. Les effets positifs de l'acupuncture sont plus largement reconnus, en partie parce que l'on peut remettre en question presque tous les gens qui ont eu la thérapie et apprendre de ses effets apaisants, ainsi que les pensées reposant que les gens ont la suite d'un traitement d'acupuncture. Je sais que beaucoup de mes patients raffoler.

16. Serotonin

neurotransmetteurs bonheur, l'humeur et la sérotonine sont capables d'initier le nerf vague par différents récepteurs, qui sont médiées par 5HT1A, 5-HT3, 5-HT2, 5-HT-4 et peut-être 5 HT6 récepteurs. En supposant que vous avez découvert à manquer dans les niveaux de sérotonine, 5 HTP est un excellent complément alimentaire pour vous aider à les stimuler.

17. muscles du ventre Tensing

Gardant vers le bas pour créer un moyen de déplacement de l'intestin le corps a besoin d'avoir un repos et digérer l'état. Ceci est la raison pour laquelle de nombreuses personnes se sentent beaucoup plus détendu après un mouvement de l'intestin. Tensing les muscles un des principaux en exécutant des exercices de contreventement abdominale permettent d'entrer dans un repos et digest état en lançant le nerf pneumogastrique.

18. Manger dans un état calme

Ne pas manger le petit déjeuner à la hâte, repas au lieu de travail et / ou le dîner devant un ordinateur. Consommer un repas dans un environnement tendu peut avoir d'endommager et les conséquences à long terme. Il est essentiel de manger dans un environnement paisible et un état de calme personnel. Rappelles toi? Choisissez des aliments qui est bon, Mâcher la nourriture correctement et laisser refroidir. Pick, Chew, Chill.

19. Chewing bien alimentaire

L'acte de base de la mastication des aliments provoque l'estomac pour sécréter de l'acide, les déclencheurs biliaires génération dans le foie et la bile libérée dans la vésicule biliaire, l'estomac enzyme de décharge du pancréas et de la motilité intestinale qui est médiée par le nerf vague. Il est essentiel de la séquence correctement la digestion et le corps réalisera automatiquement si vous commencez la procédure correctement. Vous devriez avoir le temps de grignoter sur la nourriture à la scène qu'il est molle et douce dans la bouche avant de l'avaler. Ceci permettra d'établir la séquence appropriée de la digestion en mouvement et permettre au nerf pneumogastrique de faire les fonctions de son bien. La digestion de l'Etat, le sommeil ainsi que la récupération sont médiés par le nerf pneumogastrique. Avec ces habitudes en tenir et exercices non seulement vous permettre de vous sentir plus agréable, il va vous permettre de voir la planète dans une atmosphère détendue,

Chapitre 17

Des habitudes saines pour le stress, l'anxiété et la panique attaque

La plupart des personnes souffrant de stress chronique, l'anxiété et les troubles de panique développent l'habitude malsaine, ce qui les fait se sentir plus anxieux, moins à l'aise et moins satisfaits. Pour certains, leurs mauvaises habitudes - petit exercice, sommeil irrégulier, la nourriture en cours d'exécution - avaient été en jeu bien avant que le trouble d'anxiété développée, et peut-être l'une des raisons pour lesquelles ils ont d'abord été hors de contact avec anxiété. Pour d'autres, leurs mauvaises habitudes ont commencé comme ils ont développé des problèmes d'anxiété. Vous avez sauté la séance d'entraînement parce que vous étiez trop peur et peur d'avoir une marche rapide ou un jogging matinal dans votre journée. Ils mangent souvent à la course, ou de manger des graisses et du sucre quand ils sont anxieux ou vers le bas. ils ont des aliments rapides. Ils dormaient trop à cause de leur dépression et ont bu trop de sucre dans leur repos de ne pas commencer.

Vous pouvez en apprendre davantage dans ce chapitre sur la partie importante de la gestion de votre anxiété et la récupération complète de votre trouble d'anxiété et de l'anxiété excessive par la nutrition, l'exercice et le sommeil. Vous pouvez entendre parler des avantages de l'exercice régulier, les barrages routiers de plus en plus, et des recommandations pour instaurer et maintenir une routine d'exercice. Vous apprendrez également à élaborer un plan d'exercice régulier et d'intensifier votre réaction d'anxiété par certains aliments, y compris la caféine. Vous saurez sur l'importance de l'alimentation dans le traitement des hauts et des bas dans les réponses nerveuses, ainsi que des conseils simples pour améliorer vos compétences alimentaires. Vous comprendrez aussi que le sommeil est important - quelque chose qui est pas toujours facile à obtenir si votre trouble de dépression ou d'anxiété est démesure - et vous pouvez prendre des mesures simples pour améliorer la qualité et la quantité de sommeil.

Comment exercice régulier, une bonne nutrition, et adéquate de sommeil peut aider à

Vous pouvez avoir des problèmes qui font les choses que vous savez peut vous aider si vous éprouvez une anxiété excessive ou un trouble anxieux. Si vous prenez 30 minutes pour marcher autour du bloc, vous pouvez interrompre vos exercices d'entraînement, parce que vous êtes trop bouleversé qu'une échéance importante est manquée. Vous pouvez enregistrer le déjeuner et manger de la malbouffe à votre bureau parce que le matin, vous étiez trop occupé déjeuner d'emballage. Et quelle est la différence? Tu ne sais pas de toute façon ce que vous avez bu parce que vous ne mangez pas avec attention. Vous pouvez rester épuisé que vous essayez d'adapter une autre chose dans votre journée, alors mentir la pensée éveillée qu'en raison de la fatigue et un mauvais sommeil que vous ne pourriez plus être votre meilleur le lendemain. Pourtant, l'exercice régulier, une bonne nutrition, et un bon sommeil sont des éléments clés de tout système qui peut se rétablir complètement du stress chronique et les troubles anxieux.

Vous mieux vous protéger du stress et de l'expérience moins de symptômes d'anxiété trop par l'exercice régulier. En fait, l'exercice ne peut pas seulement réduire la force de votre réponse au stress au fil du temps, mais vous vous sentirez aussi moins nerveux pendant un certain temps après l'exercice tous les jours. Vous pouvez vous protéger contre les pics inutiles des niveaux de sucre dans le sang avec une bonne nutrition qui peut augmenter votre dépression et aggraver votre humeur. Une bonne nutrition entraîne également la suppression des composés aggravant la dépression tels que la caféine, qui peut détendre le corps et l'esprit, ou même améliorer votre santé, dans votre alimentation. Vous vous protéger des fluctuations dans votre réaction anxieuse et de l'humeur, si vous n'êtes pas bien reposée, avec suffisamment de sommeil.

Obtenir et rester en forme

L'exercice quotidien est bon pour presque tout le monde, mais il est particulièrement important si vous avez un trouble anxieux. Plusieurs études ont montré que les personnes ayant un exercice régulier ont moins d'effets (Stephens 1988) de l'anxiété et la dépression, et des taux plus bas (Hassmén, Koivula et Uutela 2000). De plus, l'exercice semble protéger les personnes contre des problèmes d'anxiété et de l'humeur (Kessler et al., 2005). L'exercice régulier a un autre avantage. Après votre séance d'entraînement, vous vous sentirez moins anxieux et se sentir plus à l'aise. En d'autres termes, même si elle peut prendre des semaines pour vous sentir moins nerveux de le faire de manière significative, vous ne vous sentirez plus anxieux après la séance d'entraînement, et chaque jour vous obtenez cet avantage. En réalité, plus vous êtes impliqué, d'autant plus sont les effets immédiats de l'exercice (Long et van Stavel 1995, Petruzzello et al., 1991).

Votre volonté de faire cela affectera la façon dont vous pratiquez et quelle quantité et le type d'exercice que vous choisissez. Voici quelques conseils pour vous aider à développer une routine d'exercice que vous non seulement l'amour, mais aussi à faire sur une base régulière.

Mettre en place une routine d'exercice dans votre vie au lieu de montage de votre vie dans une routine d'exercice. Ils font la meilleure pratique régulièrement. La meilleure pratique qu'ils font. En d'autres termes, les gens ordinaires ont choisi une routine d'entraînement qui fonctionne pour eux dans leur vie. Quand vous savez, par exemple, que la natation serait bon pour vous, mais il est difficile de faire un tour de la piscine (l'arrière voyage et-vient, le bain, la douche). Tant que vous croyez plongée « peut », nager dans une autre façon serait plus logique. Peut-être qu'il est préférable de simplement marcher sur la porte à l'étirement ou du jogging autour, ou vous pouvez aller et sortir du travail en voiture. D'exemple, vous pouvez nager si vous pouvez vous concentrer sur, mais il peut être une erreur de construire un programme d'exercice autour d'une activité inhabituelle. Par conséquent, lorsque vous faites face à la pression de transformer votre vie actuelle dans une pratique particulière, vous pouvez profiter de l'événement moins.

Amusez-vous bien. Peu importe la façon dont vous préférez l'exercice, vous aurez moins de plaisir quelques jours que les autres jours. Si vous allez, vous une sensation de jour comme pousser un réfrigérateur sur le trottoir, et vous devez conduire pour terminer la course. Vous aurez un temps glorieux sur d'autres jours. Vous serez la même taille, mais vous vous sentirez plus léger et plus rapide, et vous aurez un incroyable sentiment de bien-être. Donc, en cours d'exécution est une chose merveilleuse -shift vos bras et les jambes, l'équilibre, laissez votre corps faire ce qu'il est censé faire minute par minute. Néanmoins, même dans les jours où le programme d'entraînement ne sont pas particulièrement apprécié, vous pourrez toujours profiter de la formation elle-même; après et après l'exercice, vous vous sentirez moins stressé. Cela peut vous aider à se rappeler quand vous roulez le refroidisseur sur le trottoir derrière vous.

Si vous choisissez un type d'entraînement vous aimez: tennis, la course et la danse salsa, vous pourrez profiter de plus d'exercice. L'exercice ne signifie pas pour autant courir un mile ou nager pendant 50 tours avant le travail. Quand il convient à vos compétences et intérêts, l'entraînement aérobie peut être agréable. Vous pouvez faire toute activité physique que votre cœur pompe. Vous pouvez choisir trois ou cinq choses que vous voulez garder votre exercice sain et amusant si vous ne plu. Choisissez ensuite quand vous pouvez participer à ces choses sur votre horaire quotidien. Être aussi rationnelle que possible. A 30 minutes de marche dans la campagne après l'école, quand vous devez obtenir votre enfant tuteur ou faire un dîner de famille, peut être difficile pour votre journée; le tournage de votre enfant dans la cour avec des cerceaux pendant 30 minutes après le tutorat, mais il pourrait être bon pour votre jour avant le déjeuner.

Récompense toi. Il y a une grande récompense pour les avantages immédiats de la dépression de fonctionnement réduit et plus de bien-êtres. Suivi de votre routine d'entraînement (voir ci-dessous log) et utiliser cet avantage immédiat pour vous récompenser, y compris la baisse de votre réponse au stress après la formation. Vous pouvez également suivre le plaisir de la routine d'entraînement. Ceci est un signal pour vous de changer les routines ou utiliser certaines stratégies dans la section précédente pour augmenter votre plaisir pendant l'exercice si vous avez trop de jours peu de plaisir.

Trouvez d'autres façons de faire une différence pendant l'exercice. Prenez une douche chaude après l'exercice pendant quelques minutes. Bon travail, dites-vous; crois le. Sourire, après l'exercice; Tout travail est un bon travail. Remarque, après quelques jours de l'exercice, vous vous sentirez beaucoup, et pas si grand quelques jours. Payez-vous plutôt que la valeur de la séance d'entraînement. Vous récompensera. Utilisez le plan de récompense de point-à-point. Dessiner une image qui est une grande récompense en utilisant une feuille de papier millimétré et dessiner. Cliquez sur une photo de votre nouveau téléphone ou sur un palmier pour ce week-end, par exemple, pour faire une photo d'un magazine. Mettez l'image découpe sur le graphique papier et tracer légèrement. Maintenant, dessiner un point où l'image touche une ligne sur le papier. Chaque fois que vous exercez, assombrir un point et se connecter avec celui que vous venez de obscurcis au précédent point sombre. Prenez un petit bonus par tiers ou quatrième point vous dévoileront; une manucure, un film, une heure pour faire exactement et tout ce que vous voulez. Lorsque vous attachez tous les points, vous attribuer le grand prix.

Développer l'habitude de l'exercice. Il y a des trucs majeurs d'usage, comme « merci » si quelqu'un fait quelque chose de bon pour vous ou cadeau que vous un tour gratuit pour travailler le matin même quand vous voulez aller à la plage. Pourtant, les coutumes peuvent aussi causer des problèmes. Prendre en compte les tendances anxieuses ou habitudes dans votre réponse effrayante. Quelle est l'utilité de ces coutumes? Développer une habitude d'exercice vous aidera à changer les habitudes inoffensives et modèles dans votre réponse anxieuse. Une habitude forte d'exercice peut augmenter la flexibilité et la réponse émotionnelle à des objets, des activités et des situations de votre pensée et des actions. Mais ils peuvent être aussi difficiles à construire, car ils peuvent briser, comme beaucoup d'habitudes. Essayez de suivre R quatre: Routine, Récompense, Rappelez-et Détendez-vous pour créer une habitude de la pratique.

Tu es ce que tu manges

Chaque segment se concentre sur l'amélioration de vos habitudes alimentaires, en particulier lorsque vous êtes stressé ou anxieux, pour vous assurer que votre esprit et votre carrosserie correctement. Commençons avec des aliments qui peuvent induire une variété de détresse, y compris l'anxiété et de panique, lorsqu'ils ne sont pas contrôlés. Quoi qu'il en soit, si vous avez des problèmes de santé, ont une condition médicale qui nécessite des changements alimentaires et que vous êtes en surpoids ou une insuffisance pondérale, répondre à vos problèmes avec votre médecin et nutritionniste.

Vous pourriez être surpris de savoir que certains aliments et produits chimiques peuvent faire le stress et l'inquiétude pire. La caféine et la caféine sont les deux plus populaires boissons et les médicaments que vous mangez tous les jours qui peuvent vous aider à gérer votre anxiété. Bien que pas tout le monde est à l'abri de ces aliments, vous savez peut-être que les aliments tels que la caféine provoquent des réactions physiques qui ont l'air très comme des symptômes physiques de l'anxiété ou de panique.

Caféine

La caféine est le haut de la liste de tous les composés dans les aliments qui peuvent intensifier la réaction nerveuse, en partie parce que nous mangeons tant d'aliments et nous comme eux, que nous utilisons. Vous vous sentirez irritable et rafraîchi par la caféine, parfois juste une minute après avoir consommé. Les symptômes physiques associés à la ruée de la caféine excessive peut être anxieux et panique induite. Apparemment, après avoir mangé trop de caféine trop longtemps, la plupart des gens ont connu leur première attaque de panique. Il est fascinant que même de petites doses de caféine, comme les barres de chocolat et de la soude, peuvent faire certaines personnes se sentent nerveux et augmenter leur rythme cardiaque et la panique pointe.

La caféine active le système nerveux central directement et élimine les neurotransmetteurs norépinéphrine de votre cerveau qui vous déclenche d'être anxieux, alerte ou soumis à une contrainte. Certains sont très sensibles à la caféine et à seulement quelques gorgées de thé noir peut les tenir éveillés toute la nuit. Les conséquences de la caféine semblent à d'autres personnes de l'illicéité. Vous pouvez dormir comme un bébé tard le soir et boire café noir fort. Néanmoins, quelle que soit la façon dont les effets réceptifs et vous êtes insensible de la caféine, trop peut vous faire sentir trop stressé ou nerveux, ce qui peut vous rendre plus vulnérable aux attaques de panique.

Nous sommes une culture de la caféine et il y a la caféine dans de nombreux aliments et boissons, non seulement le café. La caféine se trouve dans les thés, les boissons à base de cola, des bonbons au chocolat et bien sur - produits de la garde. Limitez votre consommation totale à moins de 100 milligrammes par jour, sauf si vous êtes sensible à la caféine. Il y aurait environ 100 milligrammes d'une tasse de café ou boire percoler par jour. Vous êtes là à mi-chemin avec un cola ou une tasse de thé. Vous trouverez peut-être difficile pour vous omettez si vous aimez votre tasse de café le matin. Mais vous pouvez vous trouver plus calme et mieux dormir, même si vous venez de couper en arrière sur la prise. Vous pouvez supprimer la caféine tout à fait si vous le pouvez si vous êtes sensibles.

Il peut être difficile de changer vos habitudes si vous aimez la caféine. Pourtant, faire de petits pas, si vous êtes prêt à essayer. Vous pouvez éprouver des symptômes de retraite fatigue la caféine, la dépression, l'irritabilité et des maux de tête, si vous consommez une grande quantité de caféine pour une plus longue période de temps, sauf si vous réduisez lentement la quantité que vous mangez. Commencez par mesurer votre consommation quotidienne de caféine.

diminuer lentement votre dose sur six à huit mois une fois que vous avez mesuré votre consommation quotidienne de caféine. Si vous buvez quatre tasses de café par jour, essayez de réduire votre cible à trois tasses par jour pendant un mois, puis deux tasses par jour pendant un mois. Vous pouvez remplacer les tasses avec du café décaféiné. Ceci est quelque chose que beaucoup de gens préfèrent comme ils aiment la routine expresso et le café lui-même. Vous pouvez aller encore plus vite si vous êtes particulièrement sensible aux variations de la consommation de caféine. Par exemple, vous pouvez diluer chaque tasse 25% avec de l'eau, boire un mois, puis diluer avec de l'eau de 50% chaque jour, quand vous buvez trois tasses de café par jour, et ainsi de suite jusqu'à ce que vous atteindre votre objectif. S'il vous plaît rappelez-vous que les gens varient dans leur tolérance à la caféine afin que le but ultime peut différer des autres.

Le sucre et Hypoglycémie

Même si vous pouvez certainement manger trop de sucre, glucose un naturel sucre est une exigence de votre corps et le cerveau pour travailler efficacement. Le glucose nous avons besoin est largement dérivé de nos glucides alimentaires, comme le riz, les céréales, les pâtes, les légumes et les fruits. Tous les glucides ne sont pas les mêmes, cependant. Un grand nombre de molécules de sucre forment ensemble des glucides complexes, également appelés amidons. De l'autre côté, une ou deux molécules de sucre produisent des glucides simples, comme le saccharose. Le saccharose est un sucre blanc mouture, la cassonade et le miel et à cet effet, dans la plupart du saccharose et des bonbons, y compris le saccharose des bonbons et des pâtisseries est un ingrédient sucrant populaire. Saccharose se divise en glucose très rapidement. Amidons en glucose rompent plus lentement que les glucides simples, libérant le glucose plus lentement dans la circulation sanguine.

Bien que la plupart des gens tolèrent de grandes quantités d'insuline à l'improviste libérés, certaines personnes sont très vulnérables à leur ascension et la chute circulation sanguine. Hypoglycémie souffrent de symptômes physiques désagréables si le sang contient moins de glucose. Vous pouvez être palourdes et moite, étourdi, épuisé et battre dans la poitrine. Vous avez tort quand vous dites que ces signes sonnent comme la dépression. Ce sont quelques-uns des mêmes symptômes rapportés lors d'une panique ou un épisode d'inquiétude aiguë. Hypoglycémie est fréquente et survient chez les femmes qui sont enceintes, ont une forte fièvre, ou qui ont une insuffisance hépatique, ou après d'autres aliments et des médicaments ont été ingérés. Bien que la plus fréquente chez les personnes atteintes du diabète sucré, l'hypoglycémie peut se produire chez les personnes sans diabète, survenant généralement plusieurs heures après un repas ou la première chose le matin, lorsque le taux de glucose dans le sang sont au plus bas. Lorsque, quelques heures après avoir mangé, à minuit ou tôt le matin vous vous sentez anxieux et nerveux, il pourrait signifier que vous souffrez de sucre dans le sang. Essayez un glucose complexe, comme un morceau de fruit ou une tranche de pain, pour voir si vos symptômes ont disparu. Lorsque vous vomissez et obtenir vos symptômes disparaître complètement, et cela semble être une tendance, parlez-en à votre médecin qui peut prescrire un test pour savoir si vous êtes hypoglycémique.

Développer les habitudes alimentaires salubres

chercheurs et experts de la nutrition et de poids sont de plus en plus préoccupés par les habitudes alimentaires en Amérique du Nord. Ces spécialistes estiment que les mauvaises habitudes ont considérablement augmenté l'obésité chez les adultes et les jeunes. En fait, le maintien d'un poids santé réduit le risque d'obésité, non seulement votre risque cardiovasculaire.

En outre, le Département américain de l'Agriculture et le ministère des Services de santé et de l'homme des États-Unis ont élaboré les lignes directrices Dietetic pour les Américains (DGA) pour promouvoir la santé et réduire les risques pour la santé. La DGA recommande que nos habitudes alimentaires organisées autour de trois principes importants:

En utilisant peu de restrictions, manger de la nourriture équilibrée. Pensez à la « règle des tiers » comme un guide facile et rapide pour atteindre l'objectif de manger des aliments équilibrés avec peu de restrictions. Inclure 1/3 (viande ou de haricot), 1/3 (fruits et légumes) et 1/3 (amidon ou grains) des hydrates de carbone pour chaque repas. En fait, ajouter d'autres huiles, les graisses et le sel dans votre alimentation, et aussi des vitamines et minéraux essentiels (vitamines A et C, fer et calcium) à votre viande. Inclure jusqu'à 1300 milligrammes de calcium par jour si vous êtes un jeune parce que la plupart des adolescents n'ont pas le calcium nécessaire pour développer leur corps. Donc, essayez d'ajouter certains produits laitiers dans tous les repas et les collations.

Le régime méditerranéen, qui comprenait la pomme de terre, fruits, noix de muscade, le poulet, le poisson, l'huile d'olive, les grains entiers, et des vins rouges, était peut-être la façon la plus simple de développer de saines habitudes alimentaires. De cette façon, vous ne vous concentrez pas sur manger moins, mais de consommer des aliments plus sains. Le régime méditerranéen est liée à la baisse des taux de mortalité (maladie d'Alzheimer et de Parkinson), les maladies cardiovasculaires, le diabète et les décès liés à la drogue et les maladies neurodégénératives. régime méditerranéen a plus faible probabilité de la dépression et l'anxiété qu'un aliment très cuit et frit, céréales raffinées, le saccharose et les boissons alcoolisées. Bien que les avantages de la diète méditerranéenne sont évidents, les chercheurs ne savent pas si mauvais lecteurs d'humeur les gens à manger des aliments malsains ou une meilleure nourriture. Un régime méditerranéen, cependant, est une excellente façon de se sentir mieux, en forme et peut-être ajouter plus d'années. Le régime méditerranéen est bon aussi. Ça ne fait pas mal. Parlez-en à votre médecin et un nutritionniste pour obtenir des conseils sur la planification et l'alimentation repas.

Équilibre ce que vous faites avec ce que vous mangez. Mangez des quantités modérées et obtenir une activité physique légère tous les jours. Lorsque vous mangez gros repas sans être physiquement actif votre régime alimentaire ou le niveau d'activité est hors de contrôle. De même, il est ni bon ni sûr de réduire ce que vous mangez et l'exercice trop.

L'exercice vous aide régulièrement à brûler plus de calories, trop construit le muscle, et plus de calories sont consommés. En fait, même si vous n'êtes pas l'exercice, ayant de plus gros muscles apporte plus de calories. Vous remarquerez peut-être un désir de manger plus lorsque vous développez votre habitude d'entraînement. Surveillez votre appétit et manger un peu de nourriture saine si vous avez un poids santé et heureux. Mais, si vous êtes en surpoids, peut-être que vous voulez utiliser certaines des techniques que vous avez appris dans ce livre pour contrôler ces impulsions.

De plus, vous pouvez réduire la fréquence des fringales grâce à une alimentation équilibrée et diversifiée sans éliminer le type d'aliments que vous voulez. De plus, si vous commencez à faire quoi que ce soit d'autre, les envies de nourriture passent habituellement en 30 secondes. Lorsque vous vous sentez l'envie d'ouvrir la porte, se lever et se détendre, se promener autour du bloc facilement et commencer à travailler sur une tâche plus excitant. Beaucoup de gens confondent les envies de nourriture avec la soif, boire si 10 verres d'eau chaque jour (surtout si vous les exercez toujours), ou de prendre un verre d'eau au lieu de la nourriture si vous avez faim.

Choisissez des aliments intelligents. Ces jours-ci, il est difficile de choisir des aliments intelligents. TV, la télévision, les magazines et les journaux nous inondent des publicités alimentaires, le régime actuel et le calendrier d'exercice, l'information nutritionnelle et les mythes médicaux. Souvent, ce ou qui vous pensez peut être difficile de savoir. En fait, il peut être difficile de manger sainement avec un horaire chargé qui vous emmène loin de la maison la plupart du jour.

Lorsque vous avez accès à des choix plus sains, vous êtes plus susceptibles de faire des choix alimentaires judicieux. Par exemple, 218 calories sont présents dans une barre de chocolat plaquette de nom de marque. Trois bâtonnets de mozzarella ont un maximum de 216 calories (chacune avec 72 calories). Vous pouvez utiliser des bâtons de fromage qui vous fournira beaucoup plus de protéines, même si les calories sont les mêmes si vous avez un régal. Prenez dans un tiroir de bureau, votre sac à main ou porte-monnaie, la boîte à gants de votre voiture ou votre sac de remise en forme avec un sac de collation santé. Cheesecakes, les amandes, les raisins secs et les fruits secs sont des choix sains en cours qui peuvent être facilement trouvés dans le tiroir du bureau et tiennent bien.

Les nutriments essentiels pour votre système de guérison

Jusqu'à ce que nous commencions, il est important d'aborder rapidement les nutriments essentiels dont nous avons parlé précédemment des protéines, des glucides, des graisses et des huiles, des vitamines, des minéraux, des oligo-éléments et phytochimiques et l'impact sur votre système de soins de santé. Cela vous donnera une meilleure compréhension du raisonnement de la conduite du processus de récupération en réalité.

Les protéines et votre système de guérison

La protéine contient les éléments structurels de la croissance des tissus du corps et la récupération et est l'un des nutriments clés de votre processus de guérison. La protéine est le bloc principal de construction pour vos muscles qui est la plus grande et la plus dynamique, la structure dépendant de l'énergie de votre corps à 40 pour cent du poids corporel normal. Contrairement à son abondance dans le tissu musculaire, la créatine est présente dans presque toutes les cellules et les tissus du corps, y compris le sang.

un apport suffisant de protéines alimentaires est nécessaire pour la croissance des enfants; si elle ne sont pas prises dans les quantités requises, les muscles chez les enfants peuvent en résulter. Mais puisque l'apport quotidien en protéines est seulement une once par jour, une pénurie de protéines est rare dans les pays occidentaux aujourd'hui. Cependant, malgré cela, une peur généralisée de protéines insuffisante entraîne un grand nombre de mauvaises habitudes alimentaires des pays occidentaux. Que l'anxiété conduit à la surpopulation qui peuvent conduire à l'obésité et peut être très dangereux pour votre processus de guérison.

Beaucoup de gens dans les pays occidentaux sont devenus dépendants des sources pratiques de protéines sur les produits à base de viande et d'animaux. Ces régimes sont malheureusement très gras et sans gras d'origine animale sans fibres qui constituent un fardeau inutile sur le processus digestif. Comprendre pour ajouter des aliments non-viande dans votre alimentation quotidienne est beaucoup plus sûr et plus sain chemin à votre processus de guérison.

Les glucides et votre système de guérison

Les hydrates de carbone proviennent de plantes. Cultures. Les glucides comprennent source de combustible primaire du système de durcissement. Le vieux, nom commun pour les hydrates de carbone est l'amidon, que nous donnons parfois, des hydrates de carbone plus denses plus lourds tels que les citrouilles et certaines farines de céréales panifiables. L'amidon est pensé à tort d'avoir « calories vides », mais nous nous rendons compte aujourd'hui différemment. Parce que les glucides fournissent le meilleur rendement global sur les calories pour tous les aliments, les coureurs de marathon et triathlètes mangent généralement beaucoup de pâtes et le riz, qui sont traditionnellement « glucides » avant une grande race. Vous savez par expérience que c'est la meilleure haute performance, de gaz à long terme pour votre corps flexibles.

En plus de pommes de terre, les céréales comme le riz, le blé, l'avoine, le maïs, l'orge et le millet sont plus grandes cultures vivrières de base dans le monde, qui ont été une source de la plus grande des nutriments à base de glucides du monde depuis de nombreuses années. De tels produits, qui comprennent les hydrates de carbone « durs », sont les plus courtes, plus rapide et la plupart des carburants efficaces pour votre processus de guérison. Ceux-ci ont généralement beaucoup de protéines et sont donc extrêmement bénéfique pour votre côlon et la santé du cœur. alimentation riche en glucides complexes fournit également une source importante de vitamines, minéraux, oligo-éléments et autres nutriments tels que phytochimiques. Votre régime alimentaire sera composé d'environ 60 pour cent de glucides complexes pour améliorer et stabiliser votre système de santé et de son bon fonctionnement et efficacement.

Les graisses et les huiles et votre système de guérison

Les graisses et les huiles sont importantes pour les performances de votre système de guérison. En particulier, ils favorisent la santé de la peau et des ongles et contribuent à l'intégrité structurelle de votre membranes cellulaires de l'organisme, qui aident votre système de traitement pour prévenir l'infection. Les graisses et les huiles favorisent également la protection et l'isolation des gaines nerveuses qui améliorent la santé des connexions avec votre corps. Votre système de récupération dépend, comme vous le savez, sur un système de communication actif et précis. Souvent, tampon de graisses et d'huiles et sceller les organes internes dans votre corps, en les protégeant contre les dommages et garder le corps chaud. Étant donné que les graisses sont plus légers que l'eau et les éléments nutritifs très excitées, par votre système de guérison, ils sont également un moyen pratique de stocker le carburant qui peut être utilisé si la consommation alimentaire est insuffisante ou rare.

Pour ces facteurs, votre alimentation quotidienne a besoin d'une petite quantité de graisses et d'huiles. En revanche, les vitamines liposolubles et d'autres minéraux ne peuvent être ingérés par les graisses et les huiles. Par exemple, prennent en charge le processus de coagulation du sang et ne peuvent être absorbés par les graisses et les huiles oméga-3 présents dans l'huile de lin et certaines huiles de poisson acides gras.

Dans certaines graisses et huiles, il y a certainement certains nutriments utiles qui n'ont pas encore été trouvé. Mais puisque les graisses et les huiles sont les sources les plus compactes et concentrées d'énergie alimentaire, leur surconsommation contribuera à l'obésité et d'autres problèmes de santé, en particulier les maladies cardiaques comme cause de décès de l'hémisphère occidental. En fonction de votre niveau d'exercice physique et la santé, la consommation de matières grasses devrait être limitée à 10 pour cent à 25 pour cent de votre apport calorique quotidien. Par exemple, le Dr Ornish à l'Université de Californie a découvert que l'apport quotidien de 10 pour cent des matières grasses travaille de San Francisco mieux pour aider la maladie cardiaque de traitement de processus de guérison.

Le cholestérol est une grande forme de graisse structurelle qui contribue à la santé et à l'intégrité de votre processus de guérison, en particulier vos membranes cellulaires. Y compris le cholestérol de votre alimentation, votre corps peut générer son propre cholestérol à partir d'autres graisses et huiles. Néanmoins, un régime qui répond aux besoins alimentaires minimaux de l'organisme produit plus de cholestérol que nécessaire dans le corps et, si cela se produit, le cholestérol supplémentaire obstrue les artères qui la maladie cardiaque et la cause saboterie. Réduire votre apport net de graisse ou de réduire votre apport calorique total tout en augmentant l'activité quotidienne aidera les niveaux de cholestérol et réduire les blocages, ouvrir les artères bloquées et augmenter le flux sanguin cardiaque.

Vitamines et votre système de guérison

Les vitamines sont des substances organiques qui sont importantes pour l'activité en toute sécurité de votre système de guérison. Ils travaillent avec les différents systèmes d'enzymes de votre corps et sont essentiels à la réussite de, maintien de la vie essentielles qui conduisent à la croissance des tissus sains et fragilisé, la réparation et la régénération. Alors que les vitamines sont généralement nécessaires à un degré nettement plus faible que les autres éléments alimentaires de base tels que la viande, les graisses et les huiles et les hydrates de carbone, un régime alimentaire déficient peuvent les compromettre le bon fonctionnement de votre processus curatif et de contribuer à la maladie.

Les besoins en vitamines changent aussi au fil du temps, diffèrent légèrement entre les hommes et les femmes, et augmentent pendant la grossesse et l'allaitement. exercice athlétique et la guérison de la maladie et les blessures amélioreront le besoin du corps pour une ou plusieurs vitamines. En raison de la complexité, la subtilité et encore les processus biochimiques largement inexplorées et les voies du corps, il est certain que plus de vitamines que nous connaissons seront trouvés dans l'avenir et accepté aussi important pour nos systèmes de guérison.

La meilleure façon de vous assurer que votre système de guérison obtient la prise droite de la vitamine est de manger une alimentation saine, bien équilibrée avec assez de grains entiers, les noix, les graines, les fruits, les légumes et une certaine limite sur les graisses et les huiles (vitamines spécifiques necessitate gras à être absorbé). Quand un problème se produit dans une partie de votre corps, vous pourriez avoir besoin d'ajouter un certain nutriments aux denrées alimentaires normales ou se fonder sur les aliments qui contiennent des quantités plus élevées de vitamine pour aider votre processus de guérison.

Minéraux, oligo-éléments, et votre système de guérison

Les minéraux sont aussi bons nutriments essentiels qui aident et soutiennent le processus de guérison, ainsi que des vitamines. Ils sont nécessaires à la croissance des tissus, la réparation et la régénération de garder votre corps en bonne santé et sans maladie. Les minéraux proviennent directement du noyau de la terre et ont des propriétés uniques. La structure et la fonction des principales enzymes, des hormones et des molécules, telles que l'hémoglobine, sont transportés dans tout le corps. Comme mentionné précédemment, presque tous les composants minéraux dans le noyau de la terre se produit en quantités infimes dans le corps humain. arsenic Même, généralement considéré comme une toxine, est nécessaire par votre corps en quantités infimes.

oligo-éléments sont chimiquement liés aux minéraux et typiquement dans la même classe de nourriture. La distinction entre les minéraux et les oligo-éléments est que les minéraux sont nécessaires en quantités légèrement plus élevées et ont un peu mieux comprendre leurs fonctions. Nous savons que les oligo-éléments sont nécessaires pour une bonne nutrition et de la santé, mais nous ne savons pas exactement ce que chacun d'eux a besoin et fait exactement. Néanmoins, nous reconnaissons que le manque d'oligo-éléments dans votre corps contribue à une incapacité à se développer, une diminution de la vulnérabilité à l'infection et même la mort. Ainsi, alors qu'ils sont nécessaires en très petites quantités, oligo-éléments sont extrêmement importants pour votre système de chauffage pour fonctionner de manière optimale.

Probiotiques et votre système de guérison

Probiotiques sont un autre groupe de composés essentiels à votre santé et la nutrition. Probiotiques sont formés par certaines souches de bactéries qui se trouvent naturellement dans votre tractus intestinal. De telles souches bactériennes soutiendront votre processus immunitaire à une infection de combat, rétablir la santé et de maintenir l'équilibre biochimique correct dans votre corps. Il a été constaté que plus de 500 souches différentes de bactéries vivent dans l'intestin et pause aide les aliments ingérés tout en produisant des sous-produits métaboliques précieux qui sont ensuite absorbés et transportés vers vos différentes cellules et tissus dans votre corps. L'un de ces ingrédients est la vitamine K, utilisé comme ingrédient important pour la coagulation du sang pour le processus immunitaire. Les chercheurs ont constaté, par exemple, que manger des bactéries lactobacillus, généralement connu sous le nom acidophilus, naturel dans le yogourt et disponible dans les préparations commerciales pour le lait et d'autres produits, réduit la diarrhée infantile, réduit les risques d'effets secondaires intestinaux tout en prenant des antibiotiques et dissuade les infections à levures chez les femmes. Les probiotiques peuvent souvent lutter avec succès contre les infections, en particulier les infections des voies intestinales et respiratoires. Ceux-ci peuvent également réduire les doses nécessaires et le risque possible de vaccins de l'enfance. Dans de nombreux aliments fermentés traditionnellement, comme le fromage, le yogourt, le vinaigre, le vin, le tempeh, et la sauce de soja, les probiotiques sont naturellement. Ceux-ci peuvent également réduire les doses nécessaires et le risque possible de vaccins de l'enfance. Dans de nombreux aliments fermentés traditionnellement, comme le fromage, le yogourt, le vinaigre, le vin, le tempeh, et la sauce de soja, les probiotiques sont naturellement. Ceux-ci peuvent également réduire les doses nécessaires et le risque possible de vaccins de l'enfance. Dans de nombreux aliments fermentés traditionnellement, comme le fromage, le yogourt, le vinaigre, le vin, le tempeh, et la sauce de soja, les probiotiques sont naturellement.

Il est important de noter que votre corps est une machine puissante avec un système de guérison incroyable qui a besoin de la meilleure énergie à partir des sources les plus pures. Réparation et de réparation des tissus affaiblis besoin d'énergie, et l'énergie que vous utilisez comme un régime alimentaire aura un impact énorme sur votre santé et votre bien-être processus dans son ensemble.

Rappelez-vous de consommer des aliments sains et nutritifs qui sont propres et naturels, qui sont pleins de vitamines, minéraux, oligo-éléments, le liquide, et de protéines. Ces produits comprennent la plupart des fruits et légumes, grains entiers, les noix, les soupes, tisanes, jus de fruits et du vin. Ce sont aussi comestibles. Assurez-vous que votre alimentation comprend suffisamment de protéines, les légumes, les graisses et les huiles. Mangez des aliments naturels, qui représentent toutes les couleurs de l'arc en ciel, pour obtenir assez phytochimiques au moins une fois par semaine. Prenez votre temps pour préparer vos repas correctement, aliments régulièrement, sauter des collations malsaines et de mâcher vos aliments. Lorsque vous essayez de vous guérir d'une maladie invalidante ou condition, réduire ou éliminer la quantité de viande de chair dans votre alimentation. Retirer les aliments gras et denses sans poids. Soyez vigilant avec la consommation d'alcool et de caféine.

Il y a beaucoup de ressources alimentaires en circulation. En ce qui concerne l'alimentation de votre système de santé, le respect de votre individualité; garder votre esprit ouvert et ne pas être trop stricte ou fanatique de suivre un régime strict qui a réussi à d'autres personnes, mais peut-être pas pour vous. Restez informé et écoutez votre corps pendant que vous travaillez sur l'accomplissement de leurs en constante évolution des besoins nutritionnels.

Stratégies pour dormir mieux et plus longtemps

Le sommeil - nous avons tous besoin, donc vous ne pouvez pas se reposer autant que vous voulez que vous souffrez de dépression extrême ou un trouble anxieux. Vous pourriez avoir du mal à manger ou de l'exercice, en partie parce que vous n'avez pas à échapper à votre esprit agité et le corps lorsque vous détendre et éteins les lumières. C'est quand les inquiétudes et les angoisses se déplacent, ce qui en fait le tour et sauter la nuit. Vous pouvez vous garantir êtes pour une nuit difficile si vous commencez alors à être inquiet que vous ne dormez pas ou pas bien dormir.

Environ 30% des adultes souffrent à un moment donné dans leur vie avec l'insomnie (difficulté à dormir). Lorsque vous êtes des femmes ou un adulte plus âgé, le risque est plus élevé de l'insomnie, et quand mening et la ménopause commencer, vous avez un risque plus élevé chez les femmes de l'insomnie. Environ 40% des patients atteints d'insomnie ont des troubles de la dépression et de l'humeur. Vous avez probablement remarqué que vous vous sentez plus anxieux et inquiet pendant la journée pendant que vous dormez en mauvais état. Ce modèle de la dépression, la privation de sommeil, le stress et le sommeil est un processus dangereux dans beaucoup de personnes ayant des problèmes d'anxiété.

Beaucoup de gens de 7 à 8 heures par nuit de sommeil, et les gens à tirer le maximum d'au moins 6 heures de sommeil par nuit. Le corps sait la façon dont il veut dormir et, dans les premières heures de la nuit, il devient le plus long et le sommeil le plus essentiel pour que vous puissiez fonctionner correctement. Néanmoins, la quantité et la qualité de votre sommeil pourrait être influencée par différentes conditions médicales. Si vous ronflez, avoir sommeil crampes dans les jambes de la difficulté ou de l'expérience ou des picotements (possibles symptômes de l'apnée du sommeil), sensation d'inconfort gastro-intestinal, les mouvements réguliers de la jambe et de la douleur nocturne chronique qui vous empêche de dormir facilement, parlez à votre médecin ou un spécialiste du sommeil. Visitez www.sleepfoundation.org pour des informations à jour sur les études du sommeil et des questions connexes sur le site Web de la Fondation nationale du sommeil pour en savoir plus sur le sommeil.

Conseils pour passer une meilleure nuit

Plusieurs choses peuvent faire passer une bonne nuit compliqué pour vous. De nombreuses causes, comme trop de caféine ou trop tard dans la journée, peut-être perceptible. La quantité et la qualité de votre sommeil peut affecter aussi vos habitudes de sommeil. Voici quelques conseils d'experts du sommeil pour vous aider à dormir plus efficacement dans la nuit.

Laisser le sommeil venir naturellement. Lorsque vous êtes prêt, vous ne pas « aller dormir. » En d'autres termes, vous ne pouvez pas contrôler le sommeil et vous ne pouvez pas aller au lit, quelle que soit la façon dont vous essayez. Le sommeil se fait automatiquement, et le mieux que vous pouvez faire est de congé. Si vous avez peur de dormir, il pourrait être très difficile pour vous de sortir de la maison. Toutefois, si vous êtes prêt, il est l'attitude la plus bénéfique pour se reposer. Alors, que faites-vous pendant que vous attendez de dormir? Ne pas combattre si vous ne pouvez pas s'endormir en 30 minutes. Sortez du lit et d'essayer des tâches de détente comme le yoga, la lecture, le tricot et la peinture. Retour au lit si vous commencez à vous sentir somnolent. Chercher à faire la même chose que si vous êtes déjà dormir dans 30 minutes. Quoi qu'il en soit, ne permettent pas de dormir à venir à cause de ce que vous faites en attendant que le sommeil arrive.

Ne pas faire une sieste ou rattraper le week-end.la pression de sommeil est ce sentiment de somnolence pendant la journée ou à proximité de lit: le stress au sommeil. Le premier signe de sommeil étant sur la bonne voie est la pression de sommeil. le stress du sommeil est votre ami et rien de plus que de bricoler et d'essayer de rattraper le week-end interfère avec la pression du sommeil. la pression de lit est réduite par le plafonnement et le piégeage, veillant à ce que l'après-midi vous vous sentez moins de pression pour le lit.

Éliminer ou la consommation de caféine limite. La caféine ne se mélange pas avec le sommeil. L'utilisation abusive de boissons caféinées comme le thé, la caféine et les boissons gazeuses et certains ingrédients (par exemple le chocolat) et les produits médicaux peuvent faire dormir dur. Certaines personnes, cependant, sont plus sensibles que d'autres à la caféine. Vous pourriez être si fragile que même une petite tasse de café le matin fera le repos et le sommeil difficile pour vous. Ne buvez pas de boissons contenant de la caféine après-midi quand vous avez des problèmes avec votre sommeil. Même dans la soirée, vous pouvez réduire ou éliminer complètement la caféine. Ne pas utiliser la caféine, en particulier, pour vous stimuler si vous vous sentez fatigué. Ensuite, marcher autour du bloc pendant cinq minutes. Utilisez un peu d'exercice pour secouer la somnolence plutôt que de la caféine.

Exercice régulier.L'exercice régulier est l'un des traitements les plus sûrs pour le sommeil. séances d'entraînement forts aident les muscles à se détendre et se détendre votre inquiétude. L'exercice peut aider à soulager le stress de la journée et de réduire la propension de votre cerveau à revoir vos informations de journée bien remplie. L'exercice aérobie dure vingt minutes ou plus à déjeuner ou à l'après-midi. Même un début de soirée à 20 minutes pourrait aider. Néanmoins, arrêter une activité intense dans les 3 heures avant le coucher, car il peut trop stimuler l'esprit et le corps et le sommeil de rendre impossible.

Prenez un bain chaud avant le coucher. Comme la température du corps diminue, le sommeil a tendance à venir. Plus votre température baisse, le sommeil plus tôt vient-tout est bien le même. En se baignant dans un bain chaud juste avant l'heure du coucher, vous pouvez l'utiliser à votre avantage pour augmenter la température de votre peau. Une douche à froid ne fonctionne pas normalement, ainsi qu'un bain chaud car la température centrale du corps de l'eau est difficile d'obtenir suffisamment élevé. Vous savez comment l'augmentation de la température centrale du corps peut provoquer le sommeil si vous avez un bain à remous ou jacuzzi.

Définir une heure du coucher cohérente et réveiller le temps. Allez dormir tous les jours, même le week-end, et se lever en même temps. Dans la nuit, même si vous êtes endormi, à l'heure normale de sortir du lit et au moment moyen, aller dormir. Consistances en éveil et le sommeil temps maintient la pression de sommeil suffisant et empêche la tendance à dériver plus tard et plus tard dans la journée pour vos cycles de sommeil et de réveil. En fait, le corps et l'esprit préfèrent dormir et se réveiller souvent, essayez donc d'honorer cela.

Créer une transition calme. La literie est un moyen naturel de vent vers le bas et mettre en garde le cerveau que le sommeil est arrivé. Éteignez tous les appareils électroniques une à deux heures avant d'aller dormir parce que la lumière ambiante des écrans nuit à la capacité du cerveau à ralentir et se préparer à dormir. Restreindre les habitudes de sommeil de chambre et à toutes les autres » nuit stealers dans d'autres parties du ménage, telles que regarder la télévision, le travail, et parler de téléphone. Au contraire, écouter de la musique, se baignent ou tirer d'un livre ou un magazine. Essayez des exercices qui sont fermés à vos yeux comme la méditation, l'attention ou la saveur. La réflexion sur la journée et de le maintenir dans votre cœur tout en savourant. Aimez l'arôme de votre déjeuner dans la délicieuse pomme verte. Cherchez le son de la balle lors de votre jeu de tennis le jour où vous avez un contact étroit avec lui. Goût à quel point il se sentait quand ce projet a été terminé ou les sons des oiseaux errantes ce jour-là. Le goût est une bonne façon de terminer votre journée et laissez votre corps sait qu'il est temps pour le repos. Mais ne faites pas au lit, peu importe ce que vous ne-manger, écouter et méditer. Il ne fonctionne pas! Faites-le en prévision du sommeil.

Transformez votre environnement de sommeil. Une autre façon de montrer votre corps qu'il est temps de sommeil est un environnement de sommeil confortable. Restez entre 65 et 75 degrés Fahrenheit dans la température de votre chambre. Rappelez-vous, le sommeil arrive quand nos corps commencent à chaud, alors assurez-vous que votre lit est chaud et confortable. Le sommeil peut être interrompu dans un froid et maison étouffante. Insérez une nuance résistant à la lumière ou des rubans lourds, ce qui rend votre pièce sombre ou le port d'un masque pour les yeux. Enfin, utilisez un ventilateur pour masquer vos bruits ou des bouchons d'oreilles d'utilisation.

La nourriture est bonne, l'exercice modéré, et assez de sommeil permettra d'améliorer votre force physique et mentale et vous permettent de gérer au fil du temps votre anxiété. Bien qu'il soit peu probable que votre anxiété écrasante sera éliminé ou votre trouble d'anxiété guéri, des habitudes saines seront une partie importante de votre plan de relance. Seuls des changements mineurs dans la routine d'exercice peuvent réduire l'intensité et de vos symptômes d'anxiété fréquence afin que vous puissiez faire ce que vous avez déjà évité. En outre, le maintien de saines habitudes vous aidera à garder une trace une fois que vous récupérer de votre trouble anxieux.

Améliorer votre sommeil avec la méditation

Vous bénéficierez de la pleine conscience en tant que complément à votre vie quotidienne si vous êtes l'une des personnes dans le monde qui souffrent de dormir dans une mauvaise nuit. Vous poursuivez probablement un style de vie très occupé, travaillant de longues heures et la modification des horaires, avoir des enfants et une femme se soucier de et alors vous êtes vous-même, vous avez clairement aux besoins de rencontrer aussi, sinon vous ne serais pas en vie.

La vie sera toujours compliqué, et vous devrez agir rapidement avant que cette condition est bafouée, si vous remarquez que vous luttez pour maintenir une routine de sommeil approprié. Beaucoup de gens sont heureux de voir le médecin généraliste ou un fournisseur de prescription d'ordonnances ou tout autre type de drogue pour faire le travail, cependant, vous risquez d'obtenir accroché ou accro aux médicaments.

Pour fonctionner correctement, dans votre vie, vous devriez vous reposer bien, surtout si votre style de vie est trépidante ou si votre carrière implique beaucoup d'activité physique, l'athlétisme et la pratique. Les athlètes et les sportifs connaissent les risques de mauvais sommeil, l'énergie est récupérée lors de la phase de relaxation et de croissance a lieu avec assez d'heures. Il est donc juste de dire aussi bien mentalement que physiquement, ceux qui peu de sommeil ou ne manque pas le développement vital.

La méditation est le secret de la récupération, un cerveau saccadée tue la chance de sommeil que ce genre d'esprit devient difficile à contrôler, ce qui amène souvent beaucoup à des niveaux élevés d'anxiété et de l'insomnie. Le contraire est inexact si le cerveau est calme et le corps se détend toujours. Le corps est façonné par les pensées générées par la perception que nous formons dans notre esprit.

Le contrôle est nécessaire d'arrêter une vieille idée de tourner autour dans le cerveau, la pensée crée des actions, et si ces pensées ne sont pas gérées de la même absence de contrôle prévaut l'ensemble des activités, de sorte que lorsqu'une personne devient « hors de contrôle », réagit de manière monde agressif c'est un -Tous énorme prix à payer en raison du manque de sommeil. Mais il ne se termine pas, la maladie mentale peut être le résultat de longues périodes de sommeil, comme cela a été mentionné plus tôt où le sommeil semble impossible à atteindre, mais la capacité à vivre de manière coordonnée est perdue, la plupart des tâches de base sont abordés, la libido peut être une question du passé et des relations peut prendre le poids de tout comme vous.

La méditation est un moyen de routine de la vie à tirer profit. La méditation est un mode de vie. Quand il est pointu et en ligne, l'esprit peut réaliser beaucoup de choses. Le cerveau est le centre de la pensée et, par conséquent, il devrait bien fonctionner pour votre bénéfice. Une autre force de la méditation est qu'il va se calmer certaines zones de votre cerveau qui sont stressés, mal à l'aise, rempli de trop d'émotions, à méditer avant de se coucher chaque soir, et le réveil chaque matin (si vous avez pu dormir du tout), sera rompre les couches invisibles de la vie à payer tous les jours que vous vivez.

Le cinquième oeil est caché dans ces matériaux et nous avons besoin de l'œil céleste pour mieux comprendre la nature. Une fois que ces couches sont dépouillées, notre compréhension est renforcée, l'attention est donnée et la pensée des habitudes de l'ancien vernis.

Un calme, l'esprit concentré et paisible, qui est appropriée à l'aise, permettrait une bonne nuit de sommeil. Cela vous fait sentir que vous êtes un nouvel être humain, vous êtes prêt avec une méthode qui est toujours là, parce que la méditation ne change jamais la façon dont les gens le font, il ne déçoit jamais et vous permet d'être, la méditation est comme elle l'a toujours été; il est un mode de vie capable d'améliorer même les plus sages des esprits, et l'incomparable unique force. Méditez et d'acquérir une nouvelle vie grâce à la méditation quotidienne et de dévouement.

Documenter un petit changement dans votre vie en intégrant l'exercice tous les jours et tous les soirs et comparez les variations de votre attitude, trouver des changements dans votre comportement, rappelez-vous comment vous vous sentez avant de frapper le sac pour dormir une nuit et continuer à parler à vos expériences .

L'amitié se développera dans la forêt, les gens vont renforcer l'entreprise comme, alors, vous serez moins en difficulté et plus calme et plus heureux, capable de parler plutôt que de sembler peu satisfaisante en raison de la parfois la nuit vous êtes né, à cause des moutons de comptage et regardant le toit, les quatre parois, et la fenêtre.

Vous actualisez votre point de vue sur la vie, et de nouvelles pensées envahissent votre espace de pensée, de favoriser la croissance et le développement, la réalisation et la réalisation. Les pensées doivent se sentir qu'ils appartiennent à vous- parce qu'ils font, de nouvelles personnes intéressantes sont invités à se joindre, et vous pouvez tous se permettre de prendre le temps d'y parvenir parce que vos compétences en gestion du temps ont été récemment mis au point. L'existence peut être comme l'adversaire lorsque vous êtes épuisé et sans énergie, mais il est nous qui implorent nos adversaires par les esprits et les corps de ses besoins. Cette erreur est à tout prix à éviter si vous allez profiter de votre vie.

Chapitre 18

L'importance de la respiration droite

La respiration peut être tous les jours le comportement le plus normal pour la plupart des gens. Vous ne devez pas faire attention à la vie, la respiration se déplace. Même si il va sans surveillance, vous pouvez régler votre respiration d'une manière consciente, ce qui le rend tout à fait différent dans les fonctions de votre corps.

Sans aller trop loin dans l'anatomie humaine, il est important de noter que la respiration se produit en utilisant un grand muscle en forme de dôme, qui est appelé diaphragme, et de nombreux petits muscles appelés muscles intercostaux entre les côtes. Étant donné que ces muscles se contractent et se détendre, la cage thoracique et de la cavité interne peut ouvrir et compress, ce qui permet la contraction musculaire et de relaxation pour étendre ou réduire à son tour: soit naturellement ou activement. Votre coeur continue de battre, même lorsque vous digérer les aliments, à votre insu, et beaucoup des muscles à l'intérieur de votre fonction du système digestif spontanément. Vous pouvez régler vos mouvements à volonté à l'aide de vos muscles squelettiques.

Néanmoins, la respiration peut être conscient et inconscient. Vous pouvez intentionnellement inhale, respirer profondément, et « aspirer seulement un peu d'air dans » ou volontairement Expirez en douceur et rapidement aussi intensément et que vous pouvez peu profondément en réalité. Vous pouvez commencer immédiatement, sans un moment d'hésitation à moins que vous cesser de prêter attention à votre respiration.

Vous pouvez également contrôler les autres fonctions de la vie en réglant le souffle. Le ralentissement de votre respiration augmentera graduellement votre rythme cardiaque, et renforcer rapidement votre respiration. En d'autres termes, vous avez la possibilité de vous exciter quand vous respirez régulièrement et rapidement tout en respirant plus rapidement. La capacité de votre cerveau, le métabolisme, et pratiquement rien d'autre va également affecter votre vitesse de respiration, la longueur et le rythme et l'absorption d'oxygène différentes. L'oxygène que vous obtenez de chaque apport dépend du corps, et dans une certaine mesure, vous réguler la consommation d'oxygène.

En plus de votre capacité à contrôler votre respiration, votre pratique quotidienne de traitement serait également bénéfique à bien des façons différentes de son importance biologique et physiologique. La respiration est un point de départ exceptionnel de mise au point. La respiration est toujours là, facile à observer et peut rapidement devenir votre priorité.

Au cours de la pratique de la méditation, les techniques de respiration jouent un rôle important. De nombreux types de méditation comme la méditation Zen reposent presque exclusivement sur la respiration et de se concentrer sur la respiration, alors que toutes les autres formes de méditation seraient grandement bénéficier de la respiration de la bonne façon.

Il est des avantages évidents pour susciter une réaction apaisante souhaitable que vous pouvez changer votre fréquence cardiaque et de susciter ou vous rassurer que par le souffle. Même si au cours de certaines séances de méditation, vous ne pouvez pas régler votre corps, il vous aidera évidemment à calmer votre esprit.

Malheureusement, la plupart d'entre vous vivre votre vie sans jamais prendre soin de votre respiration, en partie parce que vous ne savez pas comment respirer parce que vous pensez respirer arrive juste. Pourtant, la respiration est bien plus qu'une caractéristique amusante du corps, car il peut contenir la clé de votre bien-être et d'intensifier vos pratiques de méditation.

Respire ont plusieurs avantages pour la santé grâce à une consommation accrue et plus efficace de l'oxygène et une meilleure utilisation de vos muscles abdominaux, même si elles sont pratiquées par eux-mêmes. La majeure partie des stratégies mentionnées dans ce livre utilisez la paroi abdominale intentionnellement. Non seulement cela servira à stimuler les muscles souvent atone de l'abdomen, aide à mieux et mieux, la position normale et soulager une grande partie de la pression de la colonne vertébrale, ce qui partiellement induit lombalgies, mais aussi les muscles profonds fonctionnera et devenir plus fort si l'abdomen est constamment vidé et activement utilisé avec d'autres muscles souvent actifs.

Techniques de respiration

Vous pouvez essayer de soulager les symptômes et commencer à se sentir mieux quand vous vous sentez à bout de souffle d'agonie. Prenons soin de plusieurs choses que vous pouvez faire à tout moment de la journée ou dessiner sur vous-même dans les temps longs.

1. Allongez Exhale

Vous ne pouvez pas toujours vous détendre tout simplement par l'inhalation. Une respiration profonde est en fait lié au système nerveux sympathique qui contrôle la réaction pour combattre et vol. Pourtant, exhalation est liée au système nerveux parasympathique qui inhibe la capacité de notre corps à calmer et à guérir.

Trop de respirations profondes peuvent vous amener à être hyperventilation. La quantité de sang riche en oxygène qui coule dans votre cerveau diminue par hyperventilation. Il est plus facile de respirer trop quand nous sommes anxieux ou stressés finir par hyperventilation - même si nous faisons la chose en face.

Essayez une exhalation approfondie avant de prendre une grande, respiration profonde. Conduire l'oxygène de votre corps et puis juste laisser vos poumons respirer de l'air pour leur travail. Tout d'abord, essayez d'exhaler un peu plus que vous expirez. Expirez pour six, par exemple, inspirez pendant 4 secondes. Environ deux à cinq minutes pour le faire. Il dispositif peut être utilisé en tout lieu, comme debout, assis ou couché, ce qui est pratique pour vous.

2. Abdomen respiration

La respiration du diaphragme (le muscle qui est sous votre poumon) peut aider à réduire le travail respiratoire du corps. Découvrez comment le diaphragme respire:

Enregistrement

- Allongez-vous sur un sol ou matelas sous votre tête et les genoux avec des oreillers pour la chaleur. Ou asseyez-vous et détendez-vous la tête, le cou et les épaules dans une chaise confortable et pliez vos genoux.

- Vous mettez votre main sous votre cage thoracique et votre coeur d'une main.

- Inspirez et expirez votre nez, se rendant compte comment ou si vous respirez et déplacez votre ventre et la poitrine.

- Si vous séparer le souffle pour que l'air est absorbé dans vos poumons? Et le contraire? Pourriez-vous respirer parce que votre cœur va à l'intérieur de votre ventre?

Enfin, plutôt que votre poitrine, vous voulez que votre estomac à se déplacer pendant que vous respirez.

la respiration du ventre de pratique

- Comme décrit ci-dessus, assis ou couché.

- Sur le cou, placez une main et l'autre sur le dessus de l'abdomen.

- Respirez votre par le nez et sentir votre montée du ventre. Votre poitrine restera assez encore.

- Pincez vos lèvres et expirez par la bouche. Essayez de pousser l'air à la fin de la respiration en utilisant vos muscles de l'estomac.

Vous devez pratiquer tous les jours pour faire ce type de respiration automatique. Essayez de pratiquer jusqu'à 10 minutes, trois ou quatre fois par jour. Vous pouvez vous sentir ennuyeux d'abord si vous ne l'avez pas utilisé votre diaphragme pour respirer. Cependant, la pratique sera plus facile.

3. Mise au point Breath

Il peut aider à réduire l'anxiété si la respiration profonde est concentré et lent. En position assise ou couchée dans un endroit calme et pratique, vous pouvez faire cette technique. Ensuite, les éléments suivants:

- Remarquez la sensation lorsque vous inspirez et expirez normalement. Scanner votre corps mentalement. Vous pouvez sentir la tension que vous ne l'avez jamais ressenti dans votre corps.

- Grâce à votre nez, prenez une grande respiration lente et profonde.

- Notez l'expansion de votre bas-ventre et le haut du corps.

- Expirez de quelque manière que ce qui est bon pour vous, soupirant si vous voulez.

- Prenez soin de la montée et la chute de l'estomac pendant quelques minutes.

- Choisissez un mot au cours de votre exhalation à se concentrer et vocaliser. Des termes tels que « sécurité » et « calme » peuvent travailler.

- Imaginez que vous regardez à l'air que vous inspirez comme une douce vague sur vous.

- Imaginez votre exhalation, qui enlève négatif, bouleversant la pensée et de l'énergie.

- Apportez votre attention sur votre respiration et vos mots doucement quand vous vous énervez.

Utilisez cette méthode, si possible, jusqu'à 20 minutes chaque jour.

4. La respiration égalité

Une autre forme de respiration provenant de l'ancienne pratique du yoga pranayama est égal souffle. Cela signifie que vous buvez de la même manière que vous respirez. Un atelier et couché posture vous aide à exercer la respiration juste.

Quelle que soit votre position, assurez-vous que vous êtes à l'aise.

- Fermez vos yeux et faites attention combien de respirations vous normalement respirer.

- Comptez ensuite 1-2-3-4 lentement, comme vous respirez avec votre nez.

- Expirez pour le même nombre de quatre secondes.

- Soyez conscient des sensations de plénitude et de l'absence dans votre corps lorsque vous inspirez et expirez.

Lorsque vous continuez à pratiquer la respiration égale, le deuxième chef d'accusation peut différer. Gardez l'inhalation et l'exhalation de la même manière.

5. La respiration Resonant

la respiration résonant vous aidera à soulager votre peur et vous entrez dans une position détendue, souvent appelée la respiration cohérente. S'il vous plaît essayer vous-même:

- Allongez-vous et fermez les yeux.

- Respirez par le nez en laissant doucement la bouche fermée et comptez pendant six secondes.

- Ne surchargez pas l'air avec vos poumons.

- Expirez pendant six secondes, de sorte que l'air laisse lentement et doucement votre corps. Ne pas pousser.

- Continuez jusqu'à 10 minutes.

- Assurez-vous que vous êtes encore quelques minutes et se concentrer sur le sentiment de votre corps.

Souffle de 6. Lion

Le souffle du Lion signifie exhalation puissant. Pour rechercher le souffle d'un lion:

- Mettez-vous dans un endroit pour mettre à genoux, croisez vos genoux, et reposer vos jambes. Asseyez-vous les jambes croisées, si cette position n'est pas confortable.

- Tirez vos paumes, étendre vos jambes et les pieds à vos cuisses.

- Grâce à votre nez, prenez une grande respiration.

- Expirez par le nez, laissez-le dire « ha. »

- Ouvrez votre bouche aussi large que possible pendant expirez et tirez la langue à l'oreille, dans la mesure du possible.

- Concentrez-vous sur le centre de votre front (troisième œil) ou à la fin du nez pendant que vous respirez.

- Calme lorsque vous inspirez à nouveau, votre bouche.

- Répétez jusqu'à six fois, changer votre creuset de la cheville lorsque vous arrivez à la mi-chemin de la scène.

7. Autre respiration Narine

Asseyez-vous dans un endroit confortable pour essayer de répéter notre respiration du nez, étirer votre moelle épinière et ouvrez votre poitrine. Placez votre main gauche et levez la main droite. Puis se coucher sur le front entre les sourcils, avec le haut et le médius de la main droite. Fermez les yeux, le nez et expirez. Inspirez

- Utilisez votre pouce droit de fermer le nez droit et inspirez lentement avec le nez gauche.

- Pincez votre nez entre le pouce gauche et à droite et retenez votre respiration pendant une seconde.

- Utilisez votre doigt sur l'anneau droit de fermer et expirez votre nez gauche et attendez un moment avant inspirez à nouveau.

- Inspirez lentement le nez droit.

- Fermez les yeux à nouveau pour une seconde, arrêt.

- Ensuite, ouvrez et expirez sur le côté gauche et attendre jusqu'à ce que vous êtes de retour inhalent.

- Répétez ce processus inhalation et exhalaison jusqu'à 10 fois soit par le nez. Jusqu'à 40 secondes devraient être nécessaires pour chaque période.

8. Méditation guidée

Il utilise la méditation guidée à l'anxiété soulagent en brisant les schémas de pensée qui maintiennent la tension. Assis ou couché dans une ambiance chaleureuse, calme, reposant et paisible situation pourrait vous conduire dans la méditation guidée. Puis écouter des enregistrements apaisantes et détendre votre corps et de respirer. vidéos de méditation guidée vous permettent de voir plus calme et la réalité moins stressante. Il peut également vous aider à contrôler la pensée intrusive qui provoque l'anxiété.

Utilisez un ou plusieurs de ces techniques de respiration pour voir si elle peut soulager vos symptômes lorsque vous souffrez de dépression ou de panique Pour afin de discuter de vos problèmes et les traitements possibles, organiser une date avec votre psychiatre si votre dépression continue ou devient pire. Vous restaurer votre qualité de vie et contrôler votre dépression avec la bonne approche.

Conclusion

Le nerf pneumogastrique est responsable de la gestion de la fréquence cardiaque par impulsions électriques aux tissus musculaires spécialisés, tout le coeur est un stimulateur cardiaque naturel dans l'oreillette droite, dans lequel décharge acétylcholine retarde l'impulsion.

Cette impulsion est étroitement liée à la poitrine.

Lorsque vous calculez le temps entre vos pulsations cardiaques, après cela, les médecins peuvent déterminer votre variabilité de la fréquence cardiaque ou VRC.

Ces informations peuvent fournir des signes de coeur et de la résilience du nerf vague.

Si votre système nerveux sympathique toujours alerte tourne autour des réactions de combat ou vol en versant le cortisol et l'adrénaline dans votre corps, le nerf pneumogastrique dirige votre corps pour se détendre en libérant l'acétylcholine.

Les vrilles du nerf pneumogastrique s'étendent sur de nombreux organes, qui agissent comme des fils qui fournissent une orientation fibre optique pour faciliter les protéines et les enzymes telles que l'ocytocine, la vasopressine et la prolactine.

Les personnes ayant une réponse beaucoup plus forte pneumogastrique peut récupérer beaucoup plus rapidement après l'anxiété, les blessures et la maladie.

Si vous pouvez trembler, ou même emmêler en vue du sang, ou même prise en main, vous êtes forts. En réponse au stress, votre corps sur-stimule le nerf pneumogastrique et conduit à une baisse de la pression artérielle et la fréquence du pouls.

La circulation sanguine est limitée au cerveau pendant syncopes sévère, plus vous perdez conscience.

Mais la plupart du temps, vous devez vous asseoir ou même s'allonger pour diminuer les signes.

Neurochirurg Kevin Tracey a été le premier à démontrer que la revitalisation du nerf pneumogastrique pourrait diminuer de façon significative l'inflammation.

Les résultats pour les rats ont été un grand succès, et l'expérience des personnes avec des résultats étonnants a été répété.

La croissance de l'implant pour activer le nerf vague par l'intermédiaire d'implants électriques ont montré une réduction radicale et la rémission de la polyarthrite rhumatoïde, qui est inconnu et est normalement traité avec de prescriptions toxiques, choc hémorragique, et d'autres syndromes inflammatoires tout aussi importants.

Une zone émergente de l'étude de la santé connue sous le nom bioélectronique pourrait être le potentiel futur de la médecine, provoquée par les progrès de la stimulation du nerf vagal à l'épilepsie traiter et de l'inflammation.

En utilisant des implants qui fournissent des impulsions électriques dans diverses parties du corps, les chercheurs et les médecins attendent avec impatience le traitement des maladies avec moins de médicaments et moins d'effets secondaires indésirables.

CPSIA information can be obtained
at www.ICGtesting.com
Printed in the USA
BVHW092121180321
602887BV00001B/100